教师素养系列

著名语文教育家 于漪 总主编

教师道德智慧的引领

唐一伟 滕陈英 张烨 钱志惠／主编

任君 胡文珠 杨海娟／副主编

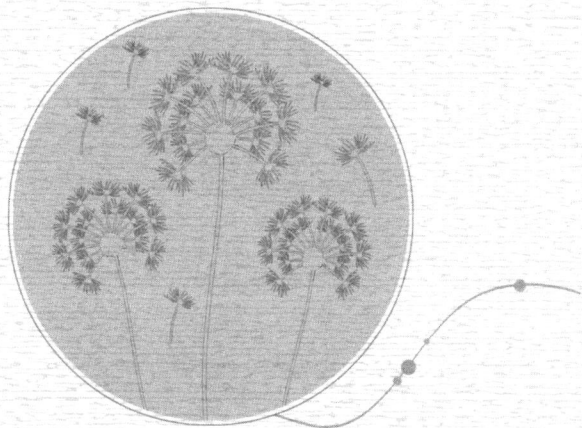

习于智长，优与心成

今天做教师最需要具备的基本素养

JIAOSHI DAODE ZHIHUI DE YINLING

东北师范大学出版社

NORTHEAST NORMAL UNIVERSITY PRESS

·长春·

图书在版编目（CIP）数据

教师道德智慧的引领/张烨，钱志惠主编. —长春：
东北师范大学出版社，2020.7
ISBN 978 - 7 - 5681 - 6988 - 2

Ⅰ. ①教… Ⅱ. ①张… ②钱… Ⅲ. ①中小学—
教师—职业道德—研究 Ⅳ. ①G635.16

中国版本图书馆 CIP 数据核字（2020）第 127016 号

□责任编辑：吴永彤 □封面设计：方 圆
□责任校对：刘晓军 □责任印制：许 冰

东北师范大学出版社出版发行
长春净月经济开发区金宝街 118 号（邮政编码：130117）
电话：0431—84568105
网址：http：// www.nenup.com
东北师范大学音像出版社制版
辽宁新华印务有限公司印装
沈阳市张士经济技术开发区
中央大街六号路 14 甲－3 号（邮政编码：110021）
2020 年 7 月第 1 版 2020 年 7 月第 2 次印刷
幅面尺寸：169 mm×239 mm 印张：14.75 字数：202 千

定价：84.00 元

序

  教师从事的是塑造灵魂、塑造生命、塑造人的工作，其艰巨性与复杂性，难以用语言表述完备。

  青少年是一个个鲜活的生命，他们的生命基因、家庭情况、情智水平、兴趣爱好、行为习惯等等，各不相同，各具个性，教师要进入他们的世界，了解、熟悉、摸清他们的内在需求，绝非一日之功。而且，他们天天在发展，天天在变化，有的平稳向前，有的起起伏伏，有的突然拐弯转向。教师不把心贴在他们身上，就不能洞悉他们的变化，当然也就谈不上因事而教，助推成长。当今，社会上的价值多元、文化多样，信息工具普及，学生生活在这样的时代大潮中，思想、行为、性格、爱好、追求等，无不打上时代的印记。教书育人工作中的新情况、新问题层出不穷，如何应对，如何破解难题，是每位教师都要面对的。因此，每位教师都须攻坚克难，用勤奋与智慧提升教育质量。为此，教师自己的成长，教师队伍的建设就成为教育的重中之重。

  教师是培育学生成长、成人、成才的人，首先自己应该是一个堂堂正正、光明磊落、有社会担当的人，以自己高尚的人格、高雅的情操熏陶感染学生，引导他们形成完善的人格和健康的审美情趣，以扎实的科学文化学养激发他们旺盛的求知欲，引领他们打下科学文化基础，并有向科学宝库、文化宝库积极探索的强烈兴趣。故而，古今中外对教师几乎都有共同的要求，那就是：德才兼备。教师要做"谦谦君子""人之榜样"，要"腹有诗书气自华"，有厚实的学术文化功底。然而，在当今时代，还得有新的要求。《国家中长期教育改革和发展规划纲要（2010—2020年）》中关于教师队伍建设的要求是：建设一支师德高尚、业务精湛、结构合理、充满活力的高素质专业化的队伍。显然，"结构合理"是教育行政部门须考虑的，而"充满活力"却是教师须探索并加以落实的。这是时代的要求，在从事教育教学工作中须强化创新意识，发挥创新精神，锤炼实践能力，精神饱满，气宇轩昂，满怀自信去创建优质教育。

直面教育现场，教师加强研修、自觉成长自然就成为应有之义。人的成长是一辈子的事，学历水平不等于岗位水平，因为教育不是一个结果，而是生命展开的过程，永远面向未来。在当前社会急速变化的情势下，要想挑起立德育人的刚性责任，创造教育教学的精彩，教师就须自觉地与学生一起成长。

成长有众多因素，与同行交流是其中有效途径之一。现场倾听交流是一种方法，阅读同行的文字表达也是一种方法。东北师范大学出版社组织撰写的《教师素养系列丛书》就是针对教师素养的几个方面从理论与实践结合的高度进行探讨、交流的，以期心灵感应，取得更多共识。

祝愿教师同行通过阅读交流，有所启迪与借鉴，走向优秀、走向卓越的步伐更扎实，更敏捷。

于　漪

代　序

历练进阶：做一名出色的道德智慧型教师

　　在自然界中，人是唯一具有道德智慧的高等动物。道德智慧是体现人作为人的生命活力的重要象征，是个体在特定文化情境和社会心理背景的熏染下，在知识、情感、经验摄取、习得的基础上，在知性、理性、情感、意志、实践等多个层面上生发，在接受教育和人生历练的过程中形成的对社会、自然和人生的一种综合反应能力。在社会学层面上，它超越了一般意义上的聪明，在心理学层面上也超越了普通的智商、情商等概念，它是每个生命体在获取基本生活需要基础上直面生活的一种卓越的品质、状态和境界。而教师的道德智慧则是优秀教师在教育实践中培植起来的一种出色的内在品质，具体表现为教师在教育过程中的一种自由、和谐、开放和创造的状态，落实在教师对生命真正意义的尊重、对个性实实在在的关注、对道德智慧充满激情的崇尚、对人生幸福无限渴望的教育境界上。作为教育应然指向的一种内在品质，教师道德智慧应当渗透、内化、体现于包括师生关系及教育目的、教育价值、教育过程、教育方法、教育环境、教育管理在内的教育的一切方面，在教育教学实践中主要表现为教师对于教育教学工作的规律性把握、创造性驾驭和深刻洞悉、敏锐反应以及灵活机智应对的综合能力。

　　所谓"道德智慧型教师"，是指通过教育实践和教育科研不断探索教育规律，寻求教育实践活动所必需的教育道德智慧，从而具有高情商、高智商、高效能、高创造的一类教师。在具体实践中，笔者认为他们应该体现出以下五个方面的价值追求。

一、知识为本：勤奋的学习者

一个会学习的教师，首先是一个能够在不断反思基础上规划自己未来发展的人，是一个会设计自我的人。这样的教师，具有深刻的危机意识，他们能够根据自我分析的实际情况不断调整自我愿景，并自觉地把学习看作自我在成长过程中的一种投入。早在 1919 年，陶行知在《教学合一》一文中就指出："做先生的，应该一面教一面学，而不是购买知识来，就可以终身卖不尽的，现在教育界的通病就是个人拿以前所学的抄袭过来，传给学生。"其次，一个会学习的人，他能在系统地掌握有关学习方法以后进行全方位的团队合作交流，在实践反思中不断根据自身的现实需求努力拓展自己的知识视野，丰富自己的发展内涵，这样经过一段时间的再教育以后才能达到"处处读书，人人明理"（陶行知）的效果。再次，一个会学习的人，正如陶行知所说的"一定是越教越要学，越学越快乐"的教育者。他善于把学习纳入自己生命发展的成长轨迹，并以此来勾勒自身发展的未来憧憬，在聆听自己的理智之门悉数打开的庄严仪式中收获思想的灵动和精神的创生。所以，一个会学习的教师，他会根据时代背景和自身的实际情况，与时俱进地提出符合自身特色的学习需求并客观地描绘指向未来的愿景规划，并能够切实按照教师教育的发展规划来努力塑造自己，在不断的学习过程中使自己不断体会到在与大师们的思想对话时精神与生命豁然洞开的精彩。

二、德行至上：文明的塑造者

陶行知说，"教育者应当知道教育是无名利且没有尊荣的事，教育者无丝毫名利尊荣可言"。一个文明的人，首先是一个能够对于现实生活负责任的人。这样的人，具有对工作、生活的深切关注，他关注自己的生活，并能根据工作、生活的实际情况合理地调整自己的劳动强度，出色地完成自己应尽的义务。其次，一个文明的人，是一个不图私利、力图"做一番事业"（陶行知）的人。他能在卓越地完成自己的本职工作的基础上去深切关怀他人，他能把他人（同学、同事）当作在一段时间内与自己一路同行的人生伴侣，并以共享合作的关系来构筑对话共生场景，这样的人是可以信赖和寄托的人。作为一名教师应该始终相信，如果在校的学习和工作是一种经历，那么这种经历更多地需要阳光和笑语相伴，一路同行的师生、生生只有沐浴在灿烂的阳光里才能感受人与人之间坦诚相对的喜悦和宽容，也由此才能滋生出理解后的幸福和幸福感驱使下的责任意识。

三、愿景致远：可持续发展的追求者

陶行知认为第一流的教育家，一是必须具有"开辟精神"，也就是"敢入未开化的边疆"。陶行知特别重视教师的创造，他认为教育者"所要创造的是真善美的活人"，"教师的成功是创造出值得自己崇拜的人"，"同时还应创造出值得自己崇拜之理论和技术"。陶行知也特别重视教师的"开辟"，他认为教师应当具备这样的素质和气概，就是能够"单枪匹马"、"大刀阔斧"、勇往直前地到"最困难、最边远，最没有教育的地方去教育，让文化知识的春风吹进每一扇窗户"。因而，一个真正与时俱进的可持续发展的人，他的人生恰如一个在时间段上的闭合函数，连续性是他的本质，非连续性只是其中的偶合现象。作为一名教师，应该一直期待自己工作、学习的经历是连续的而非偶合的，这样的连续更多地表现为目标的连续、时间的连续、内容的连续，当然最后还有结果的连续。如果教师能够经常告诫自己把这么多的连续作为一个有机的整体统合在自己生命的血液里，那么这样的教师何愁自己没有一个可持续发展的人生呢？若干年教师生活、工作的经历相对于教师自己的整个生命历程来看，当然是短暂的，但作为构成整个生命链中的重要一环，它的存在却又是非常重要的，有了它的存在才有了生命的完整。因此，教师必须以一种系统的关注整个人生发展的眼光来照看自己正在从事的学习和工作，不仅要把它看作一个精神化追求的片段，更要把它看作自己在渐进成长中提高自身核心竞争力的一个重要过程。

四、师表垂范：出色的站岗位者

陶行知提出每个教师都要"站岗位"，也就是说"各个所负的责任不同，

个人有个人的岗，个人应该站在个人自己的岗位上，守牢自己的岗位，在本岗位上努力，把本岗位的服务做好"。作为教师尤其必须"知责任、明责任、负责任"，必须专心致志，集中精力做好分内的教育教学工作，做一名"站好岗位"、忠于职守的教师，而不是"心挂两头"的"名分式"教师。人的一生其实都在路上，终极目标指向何方其实与一个人到底想要什么密切相关。如果人生愿景仅仅停留在对于有限目标的追求，那么我们都难逃恺撒之悲——恺撒在登上皇位之后，曾说过一句著名的话："这一切原来是如此空虚与无聊。"说到底，人的尊严在于人的心灵所享有的那份宁静与自由，而这种思想的独白正是教师新的认识产生的源泉。人类历史上的每一种对于自我的新的认识都牵涉到社会整体文明的变革，因而作为一名出色的道德智慧型教师应该超越一般意义上的符号化表征形式，教师的人生应该也必须与学校、社会共荣。当然，这种人生的意义已不能寄托于一般性物化的世界，也不能放在世俗的标准中来审视衡量，责任和要求应该寄托于教师人生追求的全部。

五、回馈提升：不断的反思者

陶行知认为教学活动是一项全身心参与的活动。这种全身心的行为能力需要我们对情境的即刻投入，在情境中我们必须全身心地对出乎预料的和无法预测的情境做出反应，也意味着我们在情境中保持着瞬间的积极的行动：从情感上、从反应上，由衷地行动。无论怎样优秀的教育理论和教育思想，它自身是永远不会转化为教育实践的，它必须依赖教师以某种特定的形式对学生施加"影响"。教学活动无时无刻不是处在变化之中，处于一个动荡的、演化的、不确定性之中，这就需要我们保持一种开放回归的姿态，一种基于生活的教育学理解力，一种强烈的关注孩子的责任感，和积极的投入态度，一种理性而成熟的反思能力，一种道德的直觉判断力，一种与孩子保持一致的探求热情，更重要的是一种对机智的敏感性，而这些完全依赖于教师永不满足的教育实践和在实践中不断提升的教育境界。

美国教育家波斯纳提出了著名的教师成长公式：教师的成长＝经验＋反省。教师的反省不只是对自己一段时间以来工作、学习的回顾，它更是一种在静思后心灵的净化和升华，它会促使教师在不断的扪心反问中，用理智来规范、约束自己的行为，在对结果与目标反照式的思考中，提高自己对行为、实践的约束度，并自觉告诫自己要落实、完成应尽的职责；同时，逻辑式的反省也能帮助教师自我澄清问题，理顺思路，廓清对问题本原的认识，提高自身的洞察力。

另外，积极的反思型教师不只是简单的知识的堆砌者，他们更是知识渐进发展、星火相传的接力手，他们应该有能力在理解与诠释中完成对新知识的创生。因此，承担人类文明传递的教师不应是知识的传声筒，他们应该把研究创新知识作为拓展自己生命宽度的助推剂，他们能够在课余时间用自己充满灵性的笔触播撒科研的种子，让科研在思想与学术的田野里生根发芽，直至在希望的田野里收获属于自己的累累果实。

道德智慧型教师的塑造是一个长期动态的过程，不可能一蹴而就，其中充斥着以付出为主的勤奋和辛劳。只有教师们在教育教学实践中不断学习、不断进取、不断反思、不断提升，道德智慧的火花才可能在教师的职业生涯中熠熠生辉。

是为序！

张烨写于春江寓所

2020 年 7 月 28 日

目　　录

第一章

道德智慧：教师的育人姿态

第一节　教师道德智慧的基本内涵

问题与分析

🍂 问题直击

案例 1　打呼这件事

一大早，安老师刚来到教室，班级六个学生就走上前来告状。安老师问其原因，大家七嘴八舌说起来。原来宿舍同学小左，昨天晚上打呼噜特别响，弄得大家都睡不好觉。其他几个舍友偷偷地爬起来，拿了纸巾做成纸团塞住小左的鼻子。小左被弄醒了，生气地吼叫了一声。最近情绪不稳定的小平本来躲在被窝里看书，吵闹声让他更加烦闷，小平把书扔向小左，结果砸中了其他舍友，大家就吵起来最后动手了。这场争执引来舍管阿姨，他们被阿姨教训了一通，通知他们今天早上先来班主任这里说明情况，等会还要去德育处接受教育。

说完之后，大家很气愤，也很委屈，都把责任推向了小左。小左低着头，一声不响。

安老师听后很生气地对着这群学生说："我也很生气，一大早的好心情都被你们搞没了，这个星期的文明班级，看看，被你们'害'没了！先都站在阳台上好好想想，打呼这样的小事情还被你们八抬大轿抬出来了，丢不丢脸！你们想不处罚，就好好承认错误。"

六个孩子早读结束后，向安老师和德育处承认了自己的错误。

安老师跟办公室其他老师说："这些都是小事情，站一站，吓一吓，就清醒了。几十年班主任了，每年都会遇到这种打呼噜的事情，真是烦！"

案例 2　勇敢的心

范老师一直认为杰是个不简单的男生，而且是非同寻常的，但是他的表现显得那么安分守己、中规中矩。杰告诉范老师，自己的行为远远偏离了野心，正因为这种懦弱，导致了他中考失常发挥，来到普通高中，而非他内心无数次向往的重点中学。范老师不想让杰成为一台快要报废的"机器"，于是决定"修理"他。

终于有了这样的一个机会。班级实行小组管理，表现超棒的杰被组员们推选为组长。中午，开了两个小组的交接会议。刚开始，杰就想打退堂鼓："范老师，我们组都是老实人，不好办啊。"范老师说："不怕，一定要坚持去做，形成自己的管理方式、管理特色，汇聚小组的凝聚力，老师相信你们是不同凡响的。先看看'逆天党'是如何做的，然后可以在模仿中提升。"范老师偷偷看着他在会议中不停地记录着什么，内心欢喜地期待着。

小组管理的第一天。因为第一天总结必须由组长带头负责，范老师暗暗观察杰的神情，明显感觉到他的不安。范老师看着他紧张的样子，不忍心打扰。他已经完全没有心思做作业了，一直在看着时间，焦急地等待着。范老师鼓励并建议他要说出自己组的周主题以及分解的每日目标。让范老师震撼的事情发生了。只见杰急匆匆地走上讲台，放开嗓门，流利地发言，大方地展示。热烈的掌声瞬间映红了他的脸。接着，他总结道："昨天的夜自修大家都非常认真，给自己鼓励一下，掌声！"

范老师说："其实学习生活中处处都有机会，这就是一种机会。杰抓住机会，走出勇敢的第一步，真棒！"同学们齐刷刷地转过头看着他，同时送出了真诚的掌声。杰因激动而涨红的脸蛋，显得更加帅气。

🦋 问题诊断

格拉斯提出问题解决模式有四个阶段，其中第二阶段就是制订计划，从广阔的问题中搜索出能达到目标的解决方法，也就是从长时记忆中搜索出与解决问题有关的信息。如果搜索出过去解决同类问题的办法，就可以利用这种办法成功解决当前问题，否则，就要探索其他方法解决问题。

案例 1 中安老师的行为显然也是目前广大教师的通常做法，尤其对于中低年级的学生，违纪行为在老师们的"站一站""吓一吓"中很快得到了"解决"。事实上，问题真正解决了吗？我们从安老师的"经验"中看到，根本没有！

而案例 2 中范老师就制订了"修理"杰的计划，他知道每个人都有一颗勇敢的心。老师和学生往往能够在某一次、某一刻、某一个活动中，不断相互激励，相互成长。对于学生来说，如果能够抓住在校期间的锻炼机会，积极主动参与锻炼，就能把自己的各方面能力调动起来，并且遇到更好的自己。

在这个过程中，教师是非常重要的引领者和鼓励者。教师要善于抓住每个孩子人性中脆弱的关键点，鼓励他克服弱点，发挥能力。如同《窗边的小豆豆》一样，哪怕一个活动只为了一个孩子，也要设计并且达到这样的效果，而每次的激励对于一个孩子来说都会终身受益的，不仅会带动他个人一系列的良性发展，而且会影响周围类型相似的人。

那么，怎样才能够真正解决问题呢？教师要塑造自己，就像乌申斯基所说的那样，教师首先要有人格的魅力。人格的塑造又从哪里做起？从教师的道德智慧做起。道德教育是需要智慧的，也可以说道德本身就是智慧，所以以智慧的方式来抓好道德教育，就需要教师具备道德智慧。南京师范大学附属中学著名教师王栋生曾经说过，他最害怕的是"愚蠢"的教师。没有道德，没有道德智慧的老师会伤害学生一辈子。

安老师其实没有真正解决问题，因为无论是谈话还是处理方式，都不具有教师道德智慧。殊不知，老师对问题的简单处理，可能会影响孩子很长一段时间甚至一辈子的价值观念。

范老师细心观察问题所在，激发学生勇敢跨出第一步，不动声色地撕掉学生给自己贴上的负能量标签。但应该注意的是，如果被孩子发现你的用意，不仅撕不掉这个标签，反而只会让标签贴得更加牢固。

教师，是学生道德的启迪者、引领者以及示范者。教师的道德智慧，体现在成为学生道德选择的过渡站，对学生的道德智慧起着引领和示范作用。杜威曾说，如果放任儿童按照他自己的无指导的自发性去发展，那么从粗糙的东西发展出来的只能是粗糙的东西。所以，我们要让学生在学习和生活中认识自己，认识自己的优势和不足，认识哪种行为更加合适。

简单粗暴、立即肯定或否定学生的想法与行为都不能真正解决问题。应站在学生的情境中，用同理之心呈现出学生的想法，创设一个平等交流的语境，让不同的观点交织碰撞，用教师自身的道德智慧引导学生自我进行道德判断和选择，促进学生道德智慧的生成。

案例中安老师遇到问题没有换个角度思考。学生在成长阶段，难免会有这样那样的问题，对学生发火不是好办法。抱怨虽然是人之常情，但是同时也会造成师生都产生较大的心理压力，而且发完了火问题仍旧存在，送到德育处给学生处分，学生也会发现教师处理问题的能力不足，慢慢就造成内心抵触。

范老师真正从爱学生的角度出发，站在学生立场想问题，提高了自己与学生打交道的能力，这样教师和学生的幸福感也会提升。

理论与应用

◎ 理论导航

研究教师的道德智慧具有重要的意义和价值。教师的道德智慧首先涉及两大核心范畴，即道德和智慧。

何为道德？道德是人的精神世界的概念，是涉及人与人之间关系的关系性思维。它来自生活又高于生活，最终仍要回归生活。它是从人的精神世界出发，以人的精神安定、安身立命为宗旨的。我们可以将道德理解为实践理性，是人为的，是人创造的，同时它又是为人的。它不只是规范，而且能让人在道德生活中享受到道德的快乐和意义。

智慧是主体自身的一种圆融贯通、灵活巧妙、发明创造的能力。智慧是知、情、意的统一，是对人的最高规定。智慧有两个方面的内涵：一是静态的认知结构，指才智能力；二是动态的思维活动过程，指智谋创造。智慧不是对某种具体事物的论断，也不是对某种现象的观点，而是对自然、社会和人生共同本质的透视，是对天、地、人之间普遍规律的提炼。它提供给人的是一种观察事物动态，认识事物本质，判断变化方向，预见发展趋势的思考方法。概括地说，智慧是人洞悉和把握世界的一种方式。

我们可以把道德和智慧的关系表述为既有联系又有区别。它们都是在实践的基础上，人对自己精神世界的把握。所不同的是，智慧是人对自身理性精神世界的把握，而道德是人对自身生活意义和价值的把握。基于此，我们可以把道德智慧理解为一种实践理性智慧，是一种知人、知己、知物的综合意识和能力，是人能够恰当地处理人与自然、人与社会、人与自己之间关系的综合意识和能力。

教师，是以教育为生的职业。在社会发展中，教师是人类文化科学知识的继承者和传播者。对学生来说，又是学生智力的开发者和个性的塑造者。如果说"教师是人类灵魂的工程师""教师的工作是塑造人的灵魂的话"，那么这种塑造所依靠的正是教师的道德智慧。教师的道德智慧应该是一种适度、和谐、共处与共生、圆融的智慧，是一种实践智慧，是一种对时间、地点、方式是否恰当的判断能力，以及在恰当的时间、地点、方式下做恰当的事的能力。

道德教育的核心问题应该是培植人的道德智慧。因为道德智慧是人的本质和教育的本质，是人类的共同本质，人性的张扬就是道德智慧的提升。教育要挖掘、培植和开启人的道德智慧，而道德智慧教育又是要靠教师来落实完成的。因而，道德智慧型教师或者说教师的道德智慧是非常重要的。只有道德智慧型教师才能真正地体察和理解教育的深切意义和内涵，才能真正将自己作为教育的资源，才能对学生的心灵产生深远的影响，才能实现教育的目标与任务。

陶行知先生说过，知识是学来的，智慧是生成的。教师的道德智慧不是由别人赋予的，也不是外部强加的，而是教师自己在自塑、自律中形成的，是与教师的日常教育教学行为密切关联的。也就是说，教师的道德智慧发展是在教育工作中展开的，与学生的发展是一致的。教师只有在具体的教育教学情景中、与学生的交往中、与同侪的互助中，才能发展出具有职业特征的关怀、合作、尊重、秩序、敬畏、自信、公正、宽容等道德智慧品质和能力。

教师道德智慧的发展不是一蹴而就的事情，是一个在工作与生活中不断成长，从不成熟到成熟、从外在的职业规范到内在的自觉遵从、从他律到自律的历练过程。因此，以道德智慧发展为核心的教师专业自主发展，既有观念层面的问题，又有操作层面的问题。教师的道德智慧意识和观念是体现在具体教育教学过程中，并在操作化的教育教学情境中获得发展的。只有当这种操作化的教育教学情境变成了教师的经验和体验时，真正的道德智慧才能产生。

🌸 行动研修

一部《论语》反映的是孔子教育生涯的道德智慧，一部《大学》更是展示了朱熹"明明德"的彻悟、洞见的智慧境界。古希腊哲学家苏格拉底说"美德即智慧"，他的"助产术"式的教学方法便是其道德智慧的杰作之一；柏拉图认为"德性是心灵的秩序"，他的教育生涯展现出了"培养道德智慧"的灿烂历程。

教师的道德智慧是一个不断历练和完善的系谱。教师的道德智慧与其他专业素质相比，其后天的尤其是在教师工作实践中的历练和完善更为重要。离开丰富多彩的教书育人的实践，教师的道德智慧不仅难以施展，而且更难完善。教师的道德智慧不是专门为开展道德教育而展现的聪明才智，而是渗透在所有专业素质之中、展现在所有教书育人活动之中的大智慧。

一、道德感知能力的历练

所谓道德感知，即道德主体与认识对象发生一定的关系后形成的最初的感知觉，也包括关于认识道德特征的某种印象。教师的道德感知通过其活动、行为、关系表现出来，反映的是教师的道德信念和价值观念，是由教师的道德感知的主体走势、期待、需要和价值模式决定的。

二、道德评价能力的历练

道德评价是指评价主体根据一定的道德准则对自己、他人或社会群体的品质、行为和可感知的意向所表示的善恶、好坏的价值判断和褒贬态度。道德评价全部渗透在道德活动之中，道德价值标准是进行道德评价的依据。建立在正确的道德价值标准基础上的教师道德评价能力，既是教师内在道德智慧的有机组成部分，更是教师外显道德智慧的重要体现。

三、道德选择能力的历练

道德选择是人们在一定的道德意识支配下，根据某种道德标准在不同的价值准则或善恶冲突之间所做出自觉自愿的抉择。虽然道德选择的直接依据是一定的道德价值标准，但确定道德价值标准的内在尺度则是主体的需要和利益。教师的道德选择能力，一方面反映在作为社会生活中人的需要和利益的价值标准归依上，另一方面反映在作为"按照来自非特定大多数公民自发表达出来的每个委托者的具体要求，从事具体的教育工作，借以为全体社会利益效力的职业"的需要和利益的价值标准归依上。这两个方面都会通过教师道德智慧的展现而影响学生。

四、道德想象能力的历练

"道德想象是由我们人类头脑的所有情感与智力综合形成的对于是非对错的反应能力。"道德想象表现在人的生活的彷徨与忧虑、与人友好相处、迎接道德挑战等大大小小的决定和日常行为中，虽然也受道德信念和道德价值标准的制约，但其情感和智力的综合影响因素更多。教师在学生心目中的形象就是学生所观察到的教师的为人处事留给他们的印象，使学生们不断模仿、积累、储存，从而形成他们自己的道德想象力。教师的道德想象能力虽然是通过其行为表现出来的，但其善于思考、不断反思下的"思维着的感悟"却是最重要的，对于是非对错的反应上的敏捷性，展现为一种道德智慧。

五、道德感染能力的历练

道德感染力主要是指个体的道德行为或道德人格在他人心灵深处引起相同的情感影响力。这种影响力以触动他人灵魂的强弱、深浅为区分，以能够成为他人模仿的榜样为标准。教师的工作无时无刻不通过自己的道德行为或道德人格给学生以感染，有些感染会对学生终生产生影响。这是一种极具辐射力的影响，闪烁着独有的道德智慧的光华。教师道德感染力的历练最关键的就是对自己道德人格的塑造与不断完善。

第二节　教师道德智慧的基本特征

问题与分析

🍃 问题直击

案例1　爱要表达

数学吕老师中午辅导完学生，刚回到办公室，体育老师朱老师就打来电话："你班学生要求和2班进行一场篮球友谊赛，他们怕你不同意，让我来问问你。"吕老师非常爽快地说："怎么会呢？正好凝聚一下班级，最近期末复习，不少学生没有精神。""那就好，我建议你最好去观看他们比赛，我来邀请华老师做裁判，正好缓和一下上次'没收'体育课的情绪。"朱老师真是细心，她知道上周吕老师'没收'了体育课，给学生带来了一些负面的影响。其实，吕老师已经和学生坦诚交流过了，学生还是非常理解的。不过现在有了这场比赛，真是不错的活动。

因家里有急事，吕老师急着要赶去医院，来不及观看他们的比赛。吕老师想直接告诉学生他不参与比赛观看，但学生可能会失望，所以就委托物理老师去助阵，鼓舞学生士气。于是，吕老师写了张纸条："三班的好男儿们：朱老师告诉我，你们要与2班一决高低。虽然是友谊赛，吕老师还是希望你们赛出水平，赛出风格，赛出气势！老师为你们加油！因老师有事不能去现场助威，还请见谅！"下面署上自己的姓名。吕老师打电话给物理老师，请他在上完课后交给班长，因为这节课后是活动课，比赛就要进行了。

夜自修，吕老师走进教室，问了学生比赛情况。小谢垂头丧气地说："输了！"吕老师鼓励道："不是输了，只是没赢！我们永远要记住，要不服输，要赢！"学生抬起头看着吕老师，听着她激动的话语，眼睛里闪着光！教室的高考倒计时牌子旁边，吕老师的留言纸条随风飘动，小尤同学带头说了一声声谢谢，教室里满满都是爱……

案例2　提醒过后

今天学校停电，一整天没有铃声。班主任王老师安排宣传委员欧阳提醒老师和同学们上下课。有了欧阳的提醒，班级里一上午的上下课都非常准时。

下午第一节是历史课，课堂上进行了当堂默写，成绩非常不理想。历史老师蔡老师翻看了同学们的默写本，很生气，于是重新梳理错误率高的知识点。这个时候，下课时间到了，欧阳同学习惯地说了句，"现在是下午1点40分，下课时间到"。不合时宜的提醒惹恼了蔡老师，蔡老师非常窝火，对着大家吼："要出去，你就出去好了，没有人拦着你！"欧阳意识到自己做错了，其他同学也都不敢吱声。

此时，王老师准时出现在教室前，准备去教室布置点事情。迟迟看不到历史老师走出教室，就知道他一定是拖课了。等到蔡老师出来，王老师赶紧问道："是不是学生有问题在问你，还是学生上课不乖？"蔡老师气还未消："是啊，这些学生真的不行，比3班差多了。读书的时候不认真，课堂默写一塌糊涂，大部分同学都要重默！哦，还有那个欧阳同学，太不像话了，还对着我喊下课了。"王老师刚想解释一下这是欧阳同学今天的临时任务，年轻气盛的蔡老师就急急忙忙离开了。

王老师望向教室里，大家都像做错了事情一样不声不响，欧阳同学更是趴在桌上。王老师的心情很复杂。

✿ 问题诊断

教师需要用心用智慧去爱自己的学生，爱自己的教育，而且这样的爱需要大胆地表达出来。这本身也能体现出教师的引领作用。教育学生需要有耐心，因为改变学生和帮助学生改正错误都不是一个立竿见影的过程。不同的学生，不同的情形，要采用不同的方法。

吕老师是一个充满爱心的教师的典范。只有具备爱心的教师，才是一个完整的教师。对自己的学生充满爱心，充满责任感，关注自己的学生，才会融洽师生关系，从而提升教育品质。案例中的吕老师能抓住学生的心理，利用突发事件作为契机，巧妙提升教育实效。

蔡老师的处事方式也是如今教师普遍的行为。这个状态几乎每名教师都在教学实践中都经历过。如何控制教师自己的情绪，不能因为自己年轻气盛、性格急躁，就动辄向学生发火，而应该理解学生，更应该多了解情境状态，尝试更优的解决策略，这样才更容易和学生建立良好的关系，从而进入教学教育的良性循环。

要真正爱学生，教师首先要学会尊重学生，而不是靠严厉的责罚来压制学生。教师应该从学生的角度来思考问题的解决方式，查清问题发生的原因，不能浮于问题的表象，要深入了解问题的本质，这有助于帮助教师判断选择更合适的解决方案。教师对待学生的方式，也将成为学生对待教师和别人的方式。一名优秀的教师既是学生的师长，又是学生的朋友，要能公正、客观地对待学生的错误，耐心地批评教育学生，引导学生认识和改正错误。相反，教师动不动就向班主任告状，向领导反馈问题，或是简单粗暴地对学生所犯的错误下结论，都会伤害学生的自尊心，而适当使用幽默、有趣、鼓励性的语言和文字表达，恰恰能让学生心灵震动，更容易被学生接受。

吕老师尊重学生，才会在鼓励学生参与活动课的比赛，希望学生在比赛中得到收获；吕老师也敏锐地抓住了教育契机，无论人在场还是不在场，都能有效地进行教育；而蔡老师的行为，会让学生产生反感。对于学生而言，师生关系的主导者是教师，教师的喜怒哀乐和处理问题的方式都会直接影响学生对这门课的喜爱程度和学习效果。

要真正爱学生，教师还需要耐心等待学生的成长，在等待中学会接纳和理解。教育学生的过程是一个"慢"的过程，不论采用什么方式，都不能立竿见影，起到作用。有时候教师的出发点是好的，但是行为方式不适当，就会得到完全不一样的结果，甚至违背你的愿望。在与学生相处时，不能认为自己采取的办法就是一定要有效果。不同的场景，不同的学生，不能一概而论。

案例中的吕老师属于能够理解和接纳学生的教师，其处理问题的方式也是我们最倡导和鼓励的方法。促进教师和学生之间的感情，有时就是你简单的一句问候，温情的几行留言，活动过后的鼓励，学生受到委屈后的一个拥抱……这些看似微小的行为，都能收到意想不到的效果，甚至改变一个学生的想法，凝聚一个班级力量，比任何说教都奏效。

案例中的蔡老师，充满责任心，对学生要求严格，但不能用包容的心接纳孩子的错误，不能接受孩子之间的差异，情绪化地处理问题，这样往往不能从根本上解决问题。宽容绝对不是包庇和纵容，不是视而不见，不是对学生的缺点错误的消极迁就，而应该在保护学生自尊心的前提下严格指正学生的缺点，有目的地沿着正确的方向前进。粗暴地处理，只会拉大教师和学生之间的距离，导致师生关系紧张、课堂气氛尴尬，甚至会很大程度上影响学生的学习效果。

真正爱学生，还需要教师能够与学生换位思考，站在学生的立场考虑问题的解决方式。教师要与学生换位思考，体会学生的心情和心境，应有一颗包容的心，用诙谐幽默的言语，采用机智灵活的方法去处理问题。真正的爱学生、尊重学生、理解学生，就应该在细微之处用到力、用对力。教师之间利用团体辅导，设置情境模拟，会让教师更多更深刻地体会学生的心情，真正学会与学生换位思考，教师间彼此的交流也会让问题的解决更加有效。

理论与应用

◎ 理论导航

教师道德智慧是教师生存的一种能力，是教师把握人生、洞悉社会、妥善处理各种关系的综合能力；教师道德智慧不仅存有德行的价值之维，更包含着理性的判断，融合了认知理性和实践理性。教师道德智慧的丰富内涵决定了它的多方面特征，了解这些特征有助于教师在实践中生成和更好地发挥它的作用。具体来说，教师道德智慧有如下一些特征：

一、具有合作共生精神

人不是孤立地存在的，而是生活在一个共同交往的社会中，社会性是人的本质属性。因此，道德智慧型教师在其教育教学中一般不会单打独斗，他们往往会自觉与其他教师合作，以在合作中不断地提升自己，在交往中共同分享教育的甜酸苦辣。有研究表明，宽容、接纳、欣赏、合作、尊重、同情、分享、移情、圆融、随缘、感恩等是有共处能力的教师的共同品质。

道德智慧型教师还能够与学生和谐相生，会认识到学生和自己之间是一种共处共生的关系，而不是一种支配关系。他们不会认为学生就应该听我的，不会在教育教学过程中采取强制性的教育教学行为，这就有利于良好师生关系的建立。

在学会共生、注重合作的教师看来，自己与学生之间是连带关系，与同事之间是一体关系。相互协调、相互关心、相互创造、平等、对话，这些是他们凸显道德智慧的关键词。

二、具有人文关怀精神

学会共生，呼唤教师以人为本，以人文精神为思想内核，以充分尊重、理解、肯定、丰富、发展、完善学生为宗旨，以对学生的心灵观照为基础，重视学生的心灵化育，促进学生的全面发展。

教师的人文精神体现为"以学生为本"，体现为一切为了学生、为了一切学生以及为了学生的一切。它不但是建筑在自己的理性认识的基础之上，更重要的是它还扎根于师生的情感关系中。道德智慧型教师通常能够无私地关爱学生，能够一视同仁地给学生以平等的爱。这种爱既表现为对学生个性的尊重与宽容，也表现为能够针对每一个学生先天的和后天的差异而因材施教，从而尽一切可能发展他们各自的天资禀赋和兴趣爱好。

教师的人文关怀精神根植于教师对学生的本性、对教育的本质、对教师的本分的认知、体验和领悟，更基于对教师职业角色的认同和肯定。教师的道德智慧发展是以爱为核心的创生道德智慧生命、实现教师和学生的幸福生活的活动。

三、具有职业幸福感

幸福是生命的一种存在方式，是人生的目标，是人性得到肯定时的一种主观感受。幸福感是教师在其职业生涯中产生的最美好的心灵感受，是教师的道德智慧的最集中的表征。教师的幸福感体现为教师不仅遵守一定的职业伦理规范，而且对职业伦理具有深切的认同感，能将职业操守与自己在职业生涯中的生命体验有机地结合起来，将职业伦理作为自己的生命去恪守、护持，并以此作为自己的安身立命之本，在职业生涯中感悟道德和智慧，充分享受人生的幸福和快乐，追求道德智慧的完满与自足。道德智慧型教师通常具有他的职业幸福感。他们在繁重的职业生活中，享受到职业创造的乐趣，体验生命的价值和意义，最大限度地发展自己。

道德智慧型教师善于帮助学生发现自己生命内在的道德智慧潜能，善于使学生的受教育过程成为充满活力的生长和自我实现的过程，善于使每个学生达成最大限度的自我实现。他们生活中最大的享受就在于觉得自己是学生需要的，是学生感到亲切的，是能够给学生带来欢乐的；他们在学生的心田播撒快乐的种子，那么将来收获的就一定是学生幸福的人生；他们最大的幸福是在看到自己培养的学生成才的同时，自己也在不断提高和充实。他们所追求的是：让今天比昨天教得更好，教师和学生都能获得自主发展、幸福成长。

四、在实践中生成

马克思主义认为，认识源于实践并归于实践。教育是培养人的工作，而人又是万事万物中最复杂的。教师道德智慧是一种实践智慧，它就是在复杂多变的教育教学实践中动态生成又反作用于实践的。

教师在日常工作和生活中，乃至整个职业生涯中都沉浸在教书育人的各种行动情境过程中。一位教育工作者往往需要终其一生才会自我实现，成为优秀的教师，教师的道德智慧在这个过程中也并非一蹴而就的。宏大的课程与教育教学原理源于反思，教师道德智慧也主要是在个体经验感悟基础上，通过反思生成并表现出来，进而促进教育质量的提高。

没有反思就没有教师的实践智慧，就没有教师的专业发展。道德智慧型教师善于利用实践前反思、实践中反思和实践后反思深入地思考已有经验、应然的教育教学理论及直觉力行的决策行动，建构反思性的实践道德智慧，而反思又推动着他们的教育教学向更高层次的合理性逼近。可以说，没有实践的教育是不可想象的，是实践的沃土滋养孕育了教师的道德智慧之花。

❀ **行动研修**

道德智慧型教师的注意力不是集中在超越其他教师，而是集中在不断超越过去的自己，以朴素的情感调整自己的心态，以奉献的精神从事崇高的事业，以高超的技艺展示个人的才华，不断地提升自己的价值。

一、协作互动，教学相长

著名教育家叶圣陶说过："即使是一个伟大的天才，离开了集体，也是微不足道的，无所作为的。"教师，作为培养人的特殊职业，其道德智慧的培养尤其需要彼此间的协作互动。

从教师协作互动形成的五个环节来看：共同的奋斗目标是教师生成道德智慧的基础，集思广益是智力支持，积极参与是行为保证，相互体谅是情绪协调，而互惠共生则是生成协作互动成果的反馈。这样，教师在一个集体里，受着一种思想、一种原则、一种作风的鼓舞，相互启发、相互补充，实现思维与智慧的碰撞，产生新的思想，教育出有高尚道德和高度协作互动能力的学生。

苏霍姆林斯基在谈到师生关系时指出："师生应该是共同探求真理的志同道合者，师生之间必须进行平等的交流。"可以说，道德智慧型教师是学生无可替代的学习伙伴，是共处共生、互相成就的成长伙伴。

倾听和建议。道德智慧型教师善于成为学生的倾听者，营造相互信任的气氛；教师通过平等的指导和忠告，鼓励学生深入讨论他们的想法，并帮助他们寻找解决方法。

表扬和赏识。道德智慧型教师运用积极的强化，以独特的眼光挖掘优点，赞扬他们所做的事和所具备的品性；他们在细微之处见真谛，从平凡中找出不平凡，让学生在不着痕迹的智慧引领中潜移默化地提高。

保护并促进。当学生出现问题时，道德智慧型教师是一位值得信赖的老师，是一个可靠的倾诉对象。在很多时候，学生需要的是老师的保护和对情况的掌控。当他们发出求助时，教师的接纳和倾听、帮助和支持将促进他们在困境中健康成长。

二、以生为本，唤醒爱心

教育的本质是爱，教师的工作就是献出我们的爱心，用我们的爱心唤醒学生的爱心。如果我们能够体悟到这一点，就会生活得很快乐；如果教师能够按照这种信念实践，就会体验到幸福感。

具备道德智慧的教师会经常反思自己：给了学生多大的爱心？是不是一视同仁地对待学生？如果没有一种教育思想，没有一种教育信念，他们是不可能说出"我爱我班里的孩子，我认为我是班里孩子的妈妈"这样有觉悟的话，更达不到真正地打破血缘亲情，将爱献给这些没有血缘关系的孩子的崇高境界。

具备道德智慧的教师会以对学生的尊重、欣赏、接受和关怀为前提，尊重学生的个性和正当需要。他们对学生的关怀，是一种实践智慧，他们的道德智慧在实践中不断得到提升：一是以身作则，即以自身的行为让学生了解什么是关怀；二是对话，即经由对话以更深入地了解对方，并借助这种了解，进一步去学习做个更好的关怀者；三是实践，即由学生参与学习及反省如何关怀他人的实践；四是肯定，即确认学生一份好的本质，并鼓励将这一本质的东西发扬光大。

道德智慧型教师的爱是学生与人、学生与社会、学生与自然和谐发展，获得道德智慧的源泉。在他们的教育理念中，引导学生学会认知、学会共处、学会做事和学会做人这四大教育支柱的根本点就是学会爱、学会关怀。因此，在应对社会转型时期道德教育挑战的今天，他们培植学生的爱心和同情心，教会学生关心他人，他们在学生心中播下爱人、关心人的种子。

三、专业发展，幸福成长

没有教师的发展，永远不会有学生的成长；没有教师的幸福，永远不会有学生的快乐。如果说学校领导应该关心教师的幸福需要，创设有利的环境和氛围的话，那么作为道德智慧培养的主体——教师，本身也应该在实践中、探索中走自主成长的道路，因为幸福是磨炼后的果实，幸福感是一种道德智慧境界和体验。

道德智慧型教师的专业发展，使其自身成为有教育思想的教育者，让自己在学校里感到幸福。他们具有自身充分发展的需要、精神享受的需要以及创造的需要；他们在教育研究中不会只关注操作性技能，而是有整体的研究理念和思路，有对教育的深刻理解；他们做"实践的思想者"和"思考的实践者"；他们知道成功并不是一大堆做成的事情所构成的一种结果，而是积极进取、不断思考与实践所形成的一种状态……他们从工作中找到生命的影子，使自己的个性、才华和创造力在工作岗位上充分展现出来；他们在不断提升教育境界的同时创造自身价值，为学校贡献价值，品尝人生的乐趣与幸福。

道德智慧型教师为学生的人生幸福服务。他们不仅为学生未来的人生幸福服务，还为学生当下的人生幸福服务。他们引领学生充分认识追求幸福人生的意义，教会学生在物质和精神的世界中同时成长，让学生体验到在生活和学习过程中才能获得更多的快乐；他们重视学习过程本身，让学生在学习过程中获得更多的成就体验和价值体验，把学习变成一种迷人而美好的历程，并贯穿于幸福的整个生命历程中；他们在交往互动过程中及时表达爱和赏识，用充满爱心的感性语言表达对学生的爱，对学生的学习过程进行公正、及时、正面的评价，让学生获得积极的体验。

四、反思提高，体验生成

道德智慧是一种内省性思维或品质。教师能不能对自己的言行进行反思、监控、调节和矫正，是有无道德智慧的重要标志。

道德智慧型教师具有较强的教育反思能力，他们往往能从自己的教育实践和周围发生的教育现象中发现问题，对日常工作保持一种思索的习惯，由此不断地改进自己的工作，提高自己主动适应的能力。同时，他们还能够通过专业写作，从无数未经省察的经验碎片中提炼有意义的东西并加以整理；对教育现象以及自己的应对情况进行基于教育学、心理学以及学科理论的专业评估，对其中的复杂因素以及因果关系进行梳理；以注重事实、学理和逻辑，强调客观地呈现问题，对典型案例进行多角度的理解和解释……他们在行动中经历思想的淬火，在思想中让行动变得更理性更高效。当他们带着解决问题的设想走向教育现场时，把系统的成功经验和丰富的道德智慧融入教育生活时，他们的教育实践就更加富有洞察力。

与专业特征密切相关，教师的道德智慧不仅反映在教师的劳动是一种脑力的智力性实践，而且反映在教书育人中的实践反思能力方面。

道德智慧型教师关注学生在实践这片沃土上的道德智慧体验，善于促进学生的道德智慧在认知和情感的和谐发展中生成。他们注意选择真实的情景，引导学生关注、思考真实的生活，引起学生的积极参与；注意选择有价值的情景，引发学生对符合他们认知水平的情景进行思考。这样，教师对情景、对策的选择能为大多数学生所接受，而学生对情景的认识、对策的确立存在的不同意见又能使教师有分析研究的可能，注意选择近期的情景。这样的情景对学生触动更大，令学生生成的体验更真实，所产生的教育效果也就更好。

第三节　教师道德智慧的实践类型

问题与分析

🌢 问题直击

案例1　魅力的代价

潘老师是一名年轻的班主任，任教高一七班的数学。潘老师听老教师说，一位有魅力的老师，他的班级是最亮眼的，课堂是最吸引人的，所教学科成绩也会非常出色。为了搞好学生关系，提升个人魅力，潘老师尽量走近学生，平时经常和学生打打篮球，过过生日会，周末还约了学生一起爬山搞搞小活动。慢慢地，调皮的学生和他称兄道弟，没大没小地开玩笑，没有了威严。

没到期中，班级纪律已经一塌糊涂，任课老师反馈学生整体懒散，班级学习氛围太差，特别是自修课纪律特别差，自修课潘老师不在还好，去了学生反而和他聊天。宿舍管理员看到高一七班的学生就头疼，熄灯之后最吵闹的就是那几个宿舍，每个早上铃声响了赖床不肯起来，卫生打扫不到位，公布的扣分名单天天有高一七班。上数学课的时候，学生更加随意，各种违纪行为都有，插嘴、做其他作业、传纸条等等。潘老师批评学生，学生也会和他开玩笑，一点效果都没有。

期中成绩出来后，七班的数学成绩全年级最后一名，其他各科也是年级倒数，任课老师都觉得这个班级带糟了。校长找到潘老师谈话，反馈家长对潘老师的意见，说他没有威信，学生管不住，教学没成绩，希望他多学习老教师的管理模式。

期中考试分析会上，潘老师组织了班级质量分析会。班干部认真分析了班级问题，反而被几个调皮学生当堂叫板。潘老师在家长、学校的压力下，恢复了"师道尊严"，大发雷霆，从此宣布了"八项注意"。只要学生违反纪律，就立即叫家长、写反思、送德育处。潘老师每天都用"严加管教"的方式管理班级，甚至上数学课也要批评学生其他问题，虽然班级成绩有所上升，但是学生对潘老师的意见越来越大，距离越走越远，师生关系非常僵。潘老师心里也不是滋味。

案例2 老师犯错后

早上，班主任王老师正好在备课，英语钱老师走到他旁边，气呼呼地对他说："你们班的小嘉同学，我喊他出来他不出来，是不是要去德育处解决这件事情！"王老师一脸纳闷，正想问问钱老师发生了什么事情，但钱老师赶着要上另外一个班的课，就走了。王老师正想去教室找学生问问原因，团支书小燕和班长小杜已经跑过来了。"怎么回事啊？"王老师问他们。"我们正想跟您汇报刚刚英语课的事情呢。老钱很生气，其实小嘉根本没有说什么啊！""到底怎么回事，你们真是急死我了！赶紧帮我去把小嘉喊过来吧。"小嘉来了，一脸无所谓的样子，怎么都不肯说事情原委。小嘉和王老师关系不错，但是此刻他的表情让王老师又急又气："是上课开小差，还是口语不会读？你就不要让老师猜了，直接告诉我吧，如果没事的话，钱老师不会这么气呼呼地跟我说事情的。""没什么事情。"小嘉两只手插在口袋中，一副跟他没有关系的样子。

事情似乎一时僵掉了。上课铃声响了，大家都回去上课了。

一下课，班长和团支书又来了。"王老师，我们可以作证，小嘉真的没有说什么。我们都没有听见他说什么。我们坐得离他这么近。"他们俩急着说。小嘉的同桌也跑来了。他们七嘴八舌说了一通，王老师总算明白了。钱老师认为小嘉在课堂上骂他，当堂批评小嘉，结果小嘉什么话都没有说。团支书小杜在课堂上站出来为小嘉作证，这让钱老师更加生气了。周围同学都给小嘉作证，他没有骂人，甚至什么话都没有说。

肯定老钱老师听错了，不过他也是很执拗的一个人，没办法，只好王老师亲自出马，再次找来小嘉谈话。

王老师和小嘉平日关系非常好，所以与小嘉的谈话很走心。王老师告诉小嘉，大家都想把事情尽快解决，这只是班级成长中一个微不足道的插曲。王老师希望小嘉能够理解，我们会遇到各种各样的问题，总是要解决的，希望小嘉能够心平气和地与钱老师说明一下原因，王老师可以陪着小嘉一起去找钱老师。小嘉懂事地说："王老师，我会真诚道歉的，你不用陪我去。"王老师知道小嘉看穿了他的意思，本来王老师想自己去道歉的，小嘉的懂事让王老师非常感慨。

❀ 问题诊断

教师道德智慧的实践是教师在教育实践中应对不确定问题所表现出来的整合了认知、情感、意志、能力、经验等多种因素在内的一种深刻洞察、敏锐机智并高效便捷地解决问题的综合素养表现。

提升实践有效性要勤反思。反思性实践是教师道德实践最基本的走向。案例 2 中王老师遇到事情能冷静处理，就是因为王老师有反思的思维习惯。越是紧急的、棘手的事情，越需要慢处理。如果当时王老师不问清情况，听了钱老师的抱怨就马上批评小嘉同学，不仅没有起到教育效果，还可能伤害不止一个学生。

案例 1 中，年轻的潘老师没有及时反思问题的本质，就听信他人之词，没有反思过程和结果的关系，在事情出现危机后仍旧没有彻底反思自己班级管理的理念，混淆宽容与原则，没有把握住严与宽的尺度。师生关系的处理在于点滴的积累，每件事情的处理都在学生心中种下种子。每个学生都不是孤立的个体，教师处理问题的方式决定了班级管理模式是否健全，是否有利于班级成长。

提升实践有效性要有情境机智。倾听智慧是教师的实践智慧之一，指教师在师生倾听与对话情境中感知、辨别、把握和判断受教育者的言说所包含的认知、情感、态度与价值观等内涵，并灵活进行符合教育原则的艺术化、创造性处理的综合素养。

王老师在情境中善于倾听。他在与小嘉同学的对话中，观察出他表现行为异常，从班委和其他同学的谈话中，读懂潜台词，判断出问题的真正缘由，从而判断学生真正的心理状态。只有找准原因，才能对症下药，因此解决这件事情，王老师不会主动要求小嘉同学去道歉。只有读懂问题，读懂学生，才能走近学生，引导学生。

潘老师在最初打造教师个人魅力建议的时候，就没有判断清楚教师个人魅力的本质，没有准确把握宽容与严格的尺度，不能有效性地处理班级管理中发生的问题。在班级"岌岌可危"之后，没有认真倾听学生的心声。没有爱就没有教育，其实会爱才是会教育，而爱学生最简单的方式，就是善于做个倾听者，多一点思考，多一点判断。善于倾听是认识自己、提升能力的重要途径。

提升实践有效性还应有共生引领。共生理念具有重要的教育意义和价值。朱小蔓教授在 1992 年就提出"关注共生理念，培养学生的联系感"的主张，鲁洁教授提出了"共生性人格"的概念。随着教育理论与实践的进一步发展，共生的理念与实践也必将得到广泛认同。

王老师所遇到的问题，对于一个老教师而言都是比较棘手的。当任课老师犯错的时候，他能比较圆融地处理好事情，就是因为有共生理念。在日常管理中，宽松的氛围和轻松的心理，有利于班级健康发展。另外，有些事情也要充分发挥班委的作用。经过锻炼，班委能迅速成长起来，他们商量着解决班级问题，他们更了解同学。所以，小嘉同学能体谅班主任的心情，主动承担责任，诚恳道歉，让问题解决得更加顺畅。

潘老师却没有真正了解学生的内心成长规律，一味地放任、无底线地放纵，弱化了有序的管理，班级成长不健康。违纪现象的不当处理，更会让班级风气走下坡路，这不是真正的共生理念。而为了扭转即将失控的班风，整顿前后的管理模式相差太大，学生肯定一下子不能适应，和谐的师生关系变得紧张。老师如履薄冰，学生畏畏缩缩，大家每天都如临深渊，生怕一着不慎满盘皆输。教师教育的目的是什么？不是讨好学生，也不是为了批评学生，而是让他们成为会负责、有担当的人。犯错难免，理解、疏导，让学生从心底感到老师的拳拳之心、真挚之情，问题就不会成为问题。

教师的共生引领，会间接引导学生的情感体验与情感共鸣，扩大学生的道德经验和情感感受能力，让学生获得丰富的道德体验。

理论与应用

理论导航

教师专业发展的核心是教师的道德智慧意识和能力的发展。教师的道德智慧是教师职业的核心成分，是教师发现教育教学的道德性，并能在教育教学中教会学生领悟自我生命的、科学知识的道德价值和意义，从而实现师生的道德智慧共同成长。

一、教师的道德智慧在行动研究中提升

教育研究是教师道德智慧能力和道德智慧教育能力发展的有效途径。教师的研究应立足于自己的教育职场，立足于自己的教育教学问题。尤其是教师做精细化的研究，应找到教育事件中的因果关系，研究教育的契机、教育发生的机理。通过这样的思维和观察，教师自己的教育敏感性提升了，教育体验丰富了，教师的教育观念也会随之改变，教师对教育的奥妙和自身的道德智慧潜能也有了新的发现和体察，教育的道德教育能力也随之提高。

　　教师的研究方式是灵活多样的，最主要的是研究自己的教育教学实际问题。道德智慧型教师在研究中进行问题的诊断，沿着问题进行深入思考：这么做是什么道理，学生的变化揭示了什么道理，什么样的教育原理在起作用……教师的研究从小案例、小故事，一个设计、一种思路开始，在一点一点地积累经验的同时能够发现实践性的教育理论，提升自身的道德教育智慧，通过行动研究，形成对教育、对学生的自己的见解和看法。这些认识是基于教育实践、来源于实践的真知灼见。

二、教师的道德智慧在道德教育中实践

　　道德智慧是学校德育的主题。在现代文明社会的构建中，发展学生道德智慧不仅必要，而且有其实现的可能。为此，学校德育作为一项道德性的实践活动，要承担起挖掘、培植和开启学生智慧的任务，提升学生的道德智慧境界。

　　教师是道德教育的关键，是道德实践的营造者，其道德智慧的展现体现在他们充当引领人的角色，他们为学生的生命发展奠定基础，促进学生的道德智慧在认知和情感的和谐发展中生成。

　　反观内省是道德智慧生成的基础。反观内省就是教师引导学生内省体认自己的本性或良知，以确证自己的内在道德本体。这个德行确证的过程是学生认识自我的过程、主体性确立的过程，也是道德智慧生成的过程。

　　体验生活是道德智慧生成的沃土。道德体验是理性与非理性的结晶。离开活动、交往和情景，离开了学生现时的生活，道德智慧就无法生成。如果教师的知识传授得到学生经验的认同，那么知识的种子、智慧的萌芽就会在学生的心灵中生根。

　　道德实践是道德智慧生成的关键。生成在于活动，在于实践。实践在人的道德发展中的意义在于它是人类不断提升自我价值的精神需求，是促进道德发展的根本动力。实践活动可以使学生实实在在地感受到蕴涵道德规范的具体生活情景，从而加深对道德准则的理解和认同，真正实现内化；实践活动又能够给学生提供道德分析、判断和选择的现实空间，从而提高他们的道

德思维能力和道德智慧水平。

三、教师的道德智慧在课堂教学中发展

课堂是道德教育的主要场所，教师的道德智慧也应表现为在课堂教学中，以智慧性的教育方式对学生进行道德教育，影响学生的思想品质，提升学生的生命质量。

在课堂教学中，教师道德智慧的实践和发展具体表现在多个方面：营造和谐的教育氛围，陶冶学生的道德情感，培养学生的道德行为；重视课程教材中的德育因素，寓道德教育于课堂教学之中；抓住课堂教学中的教育契机，使之成为道德教育的积极因素；采用肯定性的评价，培养学生积极的情感态度和正确的价值观。

课堂教学中教师的道德智慧不仅是教师道德教育能力的综合体现，而且与教师自身良好的道德素养息息相关。

在课堂教学中，只有具有较高的道德修养水平的教师，才具备一定的品德魅力和人格魅力，才能让学生体验到教师内心品质的力量，从而激发学生的学习积极性和主动性，使他们在完成学业的过程中不断优化自己的品格。在课堂教学中，教师敏锐的道德感知能力除了能够敏锐地感知到道德教育的契机，还能迅速做出判断和评价，并采取智慧性的道德教育行为。在课堂教学中，教师丰富的道德情感因素，能够让教师在充分考虑认知因素的同时，充分发挥情感因素的积极作用，有效地引导学生在理性与情感相互交融的情况下对事物的认知，促进学生心灵的成长，增强教育教学效果。

❀ *行动研修*

一、在教育叙事中提炼经验、升华智慧

教师做研究不同于教育理论工作者做研究。教师研究的工具有很多，比较常用的是写教育叙事。在教师的道德智慧发展中，撰写教育叙事有助于教师反思教育经验、探索教育原理。

如果把身边真实的教育事件完整地叙述出来，可以发现它能直接形象地

反映出这个教育事件的具体过程。教师在真实地记录自己的所作所为、所感所悟的过程中，才能真正地品味到教育的真谛，发现教育的本质、规律和价值。这个时候，教师自己才真正成了研究的主体，真正地参与到教育研究之中。

教育叙事怎么写？怎样在叙事中研究？在撰写教育叙事的过程中，道德智慧型教师应注意这三个问题：一是叙事有明确的主题，主题是故事的灵魂。二是叙事有分析，叙事并不是将生活的原样复制出来，不是情节的简单堆彻，而是有选择、有分析，让故事靠理性的分析做支撑，叙事有深度。三是叙事有理论介入的反思，从教育理念、教育行为以及教育效果等几个方面，做直接的理性的反思。在这一理性认识的过程中，他们与感知到的教育观念与理论对话，与自我的教育认识与经验对话，他们以理论为先导但又不唯理论，以实践为基础但不囿于实践。

这些作为德育教研的教育叙事，不仅仅是讲一个感人的故事，更重要的是靠叙事来透过现象看本质，并通过加强理论的介入，达到在教育叙事中提炼经验、升华智慧的作用。

二、从道德教育入手开启学生的道德智慧

道德智慧型教师重视学生道德智慧的生成。他们改变道德教育的模式，寻求学生道德智慧生成的正确方法和路径。

重引领，夯实学生道德智慧生成的基础。他们引导学生认识自己生命的有限性，即懂得珍惜尊重自己的生命，心中常常存有对大自然的恩泽、对他人的恩惠的感念之情；超越自己生命的有限性，即在认识和体悟个体生命的有限性的基础上，寻找使自己有限的生命回应生生不息的永恒精神的途径和方法；认识自己的本性是道德生命，即自觉地将对自我生命的探索，指向对自我的内在德行的发现；努力提升自我的认识，达到超越性境界，充分发挥自己生命的创造潜能。

重体验，培育学生道德体验生成的沃土。回归生活——他们将当今多元化生活世界的德育资源引进校园，把学生现实生活面临的热点、难点问题呈

现出来，引导学生进行讨论评价，寻找解决问题的答案；唤起已有经验——他们从学生的道德需要出发，引发学生情感的共鸣，唤起已有经验，并引领开放性的对话、互动，使学生的理解更丰富，体验更深刻；创设情景——他们充分重视情景的重要性，在引导学生形成道德认识的同时也关注对具体情景的体验。道德认识与情景的有机联系促进了认识向行动的转化，引导学生从理解道德规范向践履规范转变，最终帮助学生道德智慧的生成和发展。

重实践，把握学生道德智慧生成的关键。他们组织丰富多彩、满足学生需要的实践活动。在活动过程中，他们不是发号施令的权威者，也不是无动于衷的旁观者，而是学生实践活动的指导者、帮助者。他们不仅会根据学生现有的需求，发现、选择好的兴趣点开展活动，而且始终把学生作为活动设计、决策、组织、行动和对结果负责的主体。他们拓宽学生的社会实践空间：基于纷繁复杂的社会大背景，他们把来自学校的、家庭的、社会的，凡是有可能影响学生成长的空间有效地把握、合理地利用，引领学生在这些丰富的教育资源中积极参与实践活动，促进学生道德智慧的生成和不断发展。

三、在课堂教学中施展道德智慧

道德智慧型教师把道德教育与知识教育有机结合起来，在对学生进行知识教育的时候，发掘其中的道德教育意义，适时地对学生进行道德教育。

营造和谐的教育氛围。具有道德智慧的教师在课堂教学中不会进行专门的道德知识说教，他们通过在课堂教学过程中创造一个合适的道德教育情境来激起学生对真善美的追求，使学生在积极主动地参与课堂实践活动中得到情感的熏陶，从而促进品德的发展。他们的道德智慧能使道德教育过程在民主、宽松、和谐、融洽的教学氛围中进行。

努力挖掘教材内容中的德育素材。苏霍姆林斯基主张："竭力把学生的集体生活组织得使学生不把道德行为看作是教师为了实现他的想法而必须进行的一种练习，一种有意安排的行动。"道德智慧型教师会努力钻研教材，认真挖掘教材内容中陶冶学生道德情操、加强学生道德判断能力等丰富的德育因素，以融合、渗透的方式寓德育于课堂教学之中，使传授知识与道德教育有机地结合起来。

机智地抓住课堂教学中的德育契机。在课堂教学的过程中，往往会出现一些道德教育的契机。这些契机转瞬即逝，如果能敏捷地感受到，并且把它转化为道德教育的积极因素，往往能使课堂教学产生意想不到的德育效果。教师的道德智慧正是通过课堂教学活动的开展来引导学生感悟生活的意义和做人的道理，它不仅能形成学生健康向上的品德，而且能外化为学生良好的道德行为习惯。教师抓住课堂教学中的德育契机，能使道德教育产生事半功倍的效果。

在课堂教学评价中灵活渗透德育。有道德智慧的教师不仅能充分认识到自己的评价对学生进行道德教育的作用，他还能充分发挥课堂教学的优势，在课堂中组织学生相互评价和学生进行自评，这样能使学生反省自己的课堂行为是否符合道德行为规范，在评价之中不断审视自己、反思自己，从而提高学生的道德判断能力，使学生的道德意识从他律阶段升华到自律阶段。

第四节　教师道德智慧的价值铺陈

问题与分析

问题直击

案例1　没有没收到的手机

课间操的时候，走进教室，孙老师看到小立同学正低着头，周围还围着小铠同学。孙老师快步走到他们面前，原来他们正盯着一部手机。学校三令五申不能带手机，看见一定是要没收的。只见小立迅速把手机塞到右边的口袋里，孙老师伸手问他要手机，他装作若无其事，看着孙老师说："干吗?"然后想要离开座位。

"不想干吗，把你口袋里的东西拿出来。"对于这样的学生，孙老师不想也不能和他硬抢。

"口袋里没有什么，你让我拿什么出来？"他的确很想狡辩。

"那你跟我到办公室里来吧。"孙老师不想在教室和他弄僵。小立的学习成绩和各项表现已经让孙老师几乎放弃了，要不是他违反纪律，当堂拿着手机玩，孙老师真心不想理他。小立跟着孙老师走到一半，迅速折回去，嘴里嘀嘀咕咕地说："干吗限制我自由，我想去哪里就去哪里。"说完又回到了他自己的座位附近。

孙老师不想去拉他，她知道小立这样的学生，不能来硬的。于是再一次走到他面前，很严肃地说，"小立，我请你到办公室去一趟。你是没听清楚，还是我没说清楚？"

小立一直站着摇来摇去，手还是插在口袋里，"你先走，我再来"。

孙老师给了他面子，在办公室等他。孙老师也知道，小立开始要把戏了。"老师没有近视到这种程度，我已经给你机会了，没有直接来抢你的东西。男子汉，敢做就要敢当！希望你是能够做到的。"孙老师希望得到小立的信任，也希望他承认错误。结果小立说："我在看一个手机壳子。"他慢悠悠地解释："是我的一个手机壳，刚买的，寄来有点像旧的。我刚和小铠商量要不要退回去。"他找到借口，继续狡辩。

"老师相信，你能做到有错就改，敢作敢当。"孙老师很希望小立能诚实一点。当孙老师提出要看看他所谓的手机壳时，小立去了一趟教室，返回来说，手机壳不见了，不知道去哪里了，身上也没有。然后对着孙老师说："你不信，可以搜身啊。反正你们都是这样看我的！我就是这样了！"孙老师感到身心疲惫，很气愤，也很无奈："无药可救！只能喊你家长来了！"小立听到孙老师的抱怨，摔门而去。

案例2　向阳书屋

夜自修，如同往常一样，徐老师慢悠悠地走进教室，只是想看看大家都在做些什么。

向阳，一个外校转来的学生，一学期前因为谈恋爱，打群架，几乎开除，简直就是被踢到这个班级的。而此刻，他非常专注地在低头看着什么。因为太专注，头一动不动，一种不祥的感觉告诉徐老师，必须要走近去看看。徐老师慢慢走过去，向阳还是这样的姿势，浑然不知。隔着一条走廊的小雨，看着向阳，又看看徐老师，那表情似乎坚定地暗示某种事情要发生。果不其然，徐老师低头一看，向阳正专注地盯着自己的手机，在看网络小说。手机藏在袖子口，随时准备塞进去。向阳专心地阅读，丝毫没有被徐老师的靠近而惊扰。徐老师伸出手，轻拍他的肩膀，他看着徐老师，见已经无法掩藏什么，就交出了他的手机。向阳不好意思地笑了，摇了摇头。这表情，既有对自己的不满也有其他什么意思。徐老师一言不发，学生都在自修，这个时候的安静是不能破坏的。

夜自修结束，徐老师和向阳一起走出教学楼，边走边聊。

向阳说："徐老师，其实手机里面没有卡，我只是在看书。"徐老师故意大惊小怪地问："你也喜欢网络小说啊？和我一样。"向阳诧异地看着徐老师。在他们学校，寄宿生如果发生使用手机等违反纪律的事情，学校可以责令其通勤。他已经知道了问题的严重性，不知道老师葫芦里卖的是什么药。

"现在天晚了，你也要回宿舍休息了，今天这个晚上你回去想一下怎么处理网络小说问题。爱看书的孩子都是好孩子！"徐老师又拍了向阳的肩膀。

向阳来找徐老师，说想通过多看看名著，来缓解自己爱看网络小说的习惯。徐老师表扬了他，并且告诉他，像你这样的学生很多啊，老师特别希望你能带动其他同学向阳而生，你的带动，老师放心，老师相信！

向阳建议班级成立一个书屋，还设计了书屋的管理模式，而且主动提出："徐老师，我想自己出钱买个书柜。不过这个书屋的名字，你得给我起一个。"徐老师又拍了拍向阳的肩膀："哈哈，小子，向阳而生，叫'向阳书屋'怎么样？多年后，说不定向阳书屋全国连锁呢！"向阳告诉徐老师，书柜费用就从本月零食省出来，不要告诉他爸爸。

傍晚放学前，徐老师告诉班级同学一个好消息，就是向阳将在班级设立向阳书屋，让大家在一个充满书香的班级中学习，同学们对他投以羡慕的目光，向阳的脸蛋红彤彤的。

🦋 问题诊断

做教师最根本的是要有无私的爱，只有爱学生爱教育，才能满足教师精神上的追求。教师热爱自己的职业，并乐于为教育事业毫无保留地奉献出自己的光和热，这种精神和做法都是非常值得肯定的。这不仅有利于学生的成长，也有利于教师个人的成长。爱学生的方式，就是教师的道德智慧价值体现。

与学生建立积极的情感联结。教师的工作不能脱离与学生的积极交往。小小的手机，或许有无限的魅力，毕竟有一部分学生就是迷上了手机，如果只看到它的弊端，就会处理不当。针对不同的手机用户者，其实还是有不同的方案可以实施的。

案例1中，孙老师知道自己面对的是一个"顽固分子"，不能硬来只能智取，但是和学生之间明显已经有隔阂，所以处理问题束手束脚。明明看到手机却不敢没收，也不想没收，不仅体现了教育的无奈，也根源于日常师生积极情感的失联。杰的顽强抵抗和摔门而去也验证了师生之间缺乏彼此信任。

案例2中，徐老师相信一棍子打死一大批的办法一定不适合每一个学生，每个问题都是一个契机，相信每个学生做事都有自己的理由。所以他相信去除杂草的方法一定是种上庄稼，他和向阳学生一起探讨网络小说的弊端以及阅读习惯的引导。同样的错误不一样的处理就会得到不同的结果。这就需要教师不仅能要接受他们聪明、天真、开朗等优点，也要容纳学生的幼稚、脆弱、不懂事等缺点。学生不可能是十全十美的，尤其遇到问题学生，更不能用优等生来跟他们做对比。正是因为他们的内心对教师关闭，身心还未成熟，所以教师更应该主动走近学生，欣赏学生。

适当降低自我要求，避免过分追求完美。追求完美的心态和行为对教师精神追求有着积极的意义，能够促进教师发挥最大潜能，把事情做好。但是这种心态也会让教师个体陷入偏执的状态，限制个体创造力的发挥。

孙老师教育学生的方式，与其说是尊重孩子，还不如说是对教育行为过分追求完美。学生违纪玩手机，不能指望他主动交出来。对于学习成绩落后、行为品质较差的学生，他不能遵守规定，但也不用追求教育的完美，要利用教师威严和学校规定来严格执行。当然，学生正处于青春期，情绪不稳定，遇事情容易激动，这些孙老师都考虑到了，但是教师不能因为没有成效就放任学生自由发展，应从学生的角度思考问题，提出他们可以接受的解决方法。

徐老师同样面对手机问题，也是面对一个学习成绩较差、行为自律不强的学生。他没有强行指责、批评，而是让学生选择改正错误的方式。没有内心强烈的震撼，没有赢得学生的尊重，学生是不会选择恰当的改正方式的。徐老师在面对学生的问题，没有逃避问题，不推卸责任，努力引导学生提出相对有效的解决方法。

采用灵活的方式进行解决。差生是怎样造成的？往往是由于教师的解决措施简单。想要成为一名优秀的教师，就不能仅仅是为解决问题而解决问题，也就是说，不能仅仅局限于问题本身，而应该考虑得更为全面、更为长远。

孙老师的内心是不接纳小立的，其实这也是一个常见又棘手的问题。面对这样的学生，很多教师都会觉得没有办法，听之任之。虽然小立的行为不是孙老师的教育导致的，但是学生都会感觉到自己的行为在老师心中的印象。耐心教诲是方法，严肃批评是方法，家校合作也是方法。世上没有两片树叶是一样的，也没有一成不变的方法可以解决问题，教师应该具有敏锐的洞察力，从问题本身获取各种信息，深入学生内心世界，找出产生行为的原因，采用不同的方式解决问题。

徐老师找准了向阳的性格特点，放手让他面对错误自己寻找解决方案，有足够的耐心引导他改变现在的状态。案例中拍拍学生肩膀的动作，传递着鼓励和信任，敦促学生朝着积极向上的方向发展。老师不急躁、不厌烦的态度，让学生感受到这样的"惩罚"很有效。所以，适合的措施、灵活的方式一定能帮助教师解决问题。

理论与应用

◉ 理论导航

教师的道德智慧是教师幸福的源头。幸福是生命的一种存在方式，是人生的目标，是人性得到肯定时的一种主观感受。幸福感是主客体辩证统一时的"融合感"，追求幸福是每个人的基本权利和生活动力。"教师的幸福就是教师在自己的教育工作中自由实现自己的职业理想的一种教育主体生存状态。对自己生存状态的意义的体味构成了教师的幸福感。"

亚里士多德认为，幸福就是合乎德行的现实活动。有德行就有幸福，德与福是一致的。道德智慧型教师通常具有他的职业幸福感。教师，首先也是一个社会人，他们也渴望享受优厚的物质生活，但物质条件并不是他们幸福的唯一标准。今天，有些教师已经生活在一种较优越的环境中，却仍然体验不到职业幸福感。这与其说是他们的职业幸福感的缺失，不如说是他们的道德智慧的缺失。因此，"在某种意义上说，幸福的动力是一种精神本能"。

一、有助于教师的专业发展

道德智慧既是教师发展的方向，也是教师发展的目标之一。合作与反思作为教师道德智慧的特性，也是教师专业发展的基本途径。"合作对于个人的学习非常重要。如果我们不与人交往，我们能学到的东西就是有局限的。合作的能力不论在小范围内还是在大范围内，它在后现代社会都是一种十分需要的能力。"教师之间的合作，是教师们为了改善自己的教育实践而以自愿的、平等的方式就共同感兴趣的问题，共同探讨解决方法，从而形成的一种批判性的互动关系。它一方面可以激发和强化教师的焦虑心理，另一方面又便于教师控制自己的焦虑。焦虑可使教师认识到学习和发展的必要性，从而产生学习的意愿，但过度的焦虑会导致教师出现职业倦怠，而职业倦怠则意味着教师发展中一种危机的出现。出现这种危机的时候，教师就需要通过合作得到他人的支持。如果教师自己陷入了孤立状态，就不可能克服这种危机，教师的发展因而也就无法实现。

美国教育家布鲁克菲尔德（S. D. Brookfield）指出，批判反思对我们的教学的重要性之一就是，它把我们自己看作不断被塑造的人。"当我们认真进行批判反思的时候，我们还会对自己的职业发展产生不同的想法。反思的过程体现着我们总是处在发展的过程之中。"因此，教师的成长与发展，离不开教师对自己和他人的教育教学实践经验的总结和有效反思。职业幸福感作为教师道德智慧的特性之一，是教师专业发展的内在动力。只有当教师从自己的职业中感悟到了幸福时，才有可能真正实现教师自己的专业发展。教师的专业发展依赖于教师个体对自己的专业性发展的追求，依赖于教师的相应的发展意愿。否则，再好的发展途径，再好的训练方法，也不能带来教师专业素质的真正提升。教师专业发展的意愿取决于教师能否在职业中体验到幸福感。

二、有利于教师改善自己的生存状态

大量研究表明，我国教师的主体生存状态目前不容乐观。这主要表现为教师的心理问题越来越多、职业压力越来越大、职业倦怠状况也越来越强烈等。中小学教师成天在为学生的分数忙碌着，大学教师则常年为论文、为专著所苦。为学生而奉献的"蜡烛观"虽显现了教师职业的崇高，但也给教师带来了巨大的困惑与迷茫。在这种情况下，道德智慧能帮助教师寻找到生活中的最佳平衡点，能使教师逐渐摆脱功利的诱惑、教书匠的困惑以及漂浮无根的惶惑心理因素的困扰，从而使平凡的工作得以升华。

三、有利于教师获得职业幸福感

研究表明，幸福感是教师在其职业生涯中产生的最美好的心灵感受，是教师道德智慧最集中的表征。教师在繁忙的职业生活中，享受到职业创造的乐趣，体验生命的价值和意义，最大限度地发展自己。因此，教师职业道德的建设，在满足教师生活需要的基础上，要充分满足教师发展的需要、精神享受的需要、创造的需要等。只有这样，教师职业道德规范才能落实到教师的实际工作中去，才能成为教师自主发展的动力，才能产生实效。教师的幸福感体现为教师不仅遵守一定的职业伦理规范，而且对职业伦理具有深切的认同感，能将职业操守与自己在职业生涯中的生命体验有机地结合起来，将职业伦理作为自己的生命追求去恪守、护持，并以此作为自己的安身立命之本，在职业生涯中感悟道德和智慧，充分享受人生的幸福与快乐，追求道德智慧的完满与自足。

❈ *行动研修*

按照海德格尔的观点，人的成长与发展是靠自己的"设计与选择"的。也就是说，人是自己造就自己的，是自己依靠自身的力量生成和发展的。所以，教师的道德智慧不是由别人赋予的，也不是由外部强加的，而是教师自己在自塑、自律中形成的。

一、在学习中获得自主存在的意义

知识需要"活到老、学到老"，道德智慧也同样需要"活到老、学到老"。人生就是不断地学习、不断地接受教育的过程，就是从不成熟走向成熟、从生命的物质状态走向生命的精神状态的过程。因此，回归道德智慧需要教师不断地学习，学习如何学习，学习创造，学习关心、宽容和尊重，学习与人相处，学习舍弃，学习体验幸福……在学习中追求生命的价值，获得存在的意义，焕发生命的光彩。这如孙正聿在他的《属人的世界》一书中所写的那样，人是寻求意义的存在的，意义大于人的存在。人总是为寻求意义而生活的，人总是为失落意义而焦虑的。人只有在自己的"存在"中创造"意义"，才能获得人的"本质"，否则就是人的"存在的空虚"。

主动寻找与教育专家和教学能手交流的机会。热爱教育工作，应该是能够做到通过阅读自我学习的，但除了广泛阅读，还应与教育专家和教学能手直接接触，学习他们的先进经验，感受他们对教育的热忱。用别人的先进经验来充实提高自己，常常会有事半功倍的效果。只有当一个人内心受到强烈震撼的时候，才能激发强烈的进取欲望，而要感受这种震撼，最好的方法是让教师们走近教育专家和教学能手。鲜活的生命个体之间碰撞引发的震撼是任何巧妙的措施都难以达到的。

夸美纽斯指出："教师的职务是用自己做榜样教育学生。"以身作则是教师职业道德的一个重要方面。教师从事的是培养人的工作，教师劳动最有影响力的手段是"言传身教"。也就是说，教师是用自己的学识、思想品质、人格以及言行举止来对学生进行教育的。无论哪个层次的学生，都自觉不自觉地以教师为榜样，教师是学生学习做人的重要参照对象。人们常说教师是一面镜子，学生是教师的影子。这也充分说明了教师的言行举止在学生身心发展过程中起了非常重要的作用。

二、在反思中升华自己的精神境界

我国哲学家冯友兰先生提出了人生四种境界的说法，即自然境界、功利境界、道德境界和天地境界。自然境界是最低层次的境界，是人对自己的行为没有自觉的境界；功利境界是较低层次的境界，是人自觉求利的境界，这个利是自己的私利；道德境界是较高层次的境界，是自觉行义的境界，义是指社会的道德公义；天地境界是最高层次的境界，是人自觉与整个宇宙合为一体的境界，是自觉地达到人与自然的统一的境界。自然境界和功利境界是自然的产物，是人不必努力即可以达到的；道德境界和天地境界是精神的创造，需要人经过努力才能达到。反思是人对思想的思想，是人对认识的认识。教师需要不断学习，同样也需要不断反思，在反思中使自己的精神境界逐渐达到较高的层次，最终达到最高层次的天地境界。只有这样，教师才能超越纯功利的世俗世界，坦然地面对一切。

教师在教学教育中要多进行反思活动。首先，要对个人教学活动常常进行反思。如果不去挖掘和反思，随着社会发展，教师的知识水平就会呈下降趋势，反思总结会让教师拥有一桶活水、清水。其次，对教育活动也要进行反思。"每一个对艺术作品有经验的人无疑都把这种经验整个地纳入他自身中，也就是说，纳入他的整个自我理解中。只有在这种自我理解中，这种经验才对他有某种意义。"多站在对方的角度看待问题，有利于教师增长教师道德智慧。

三、在实践中实现"自我超越"

既然选择教师这一角色，就得甘于清贫，就得学会舍弃，不仅是将不应属于自己的东西不归于自己，有时还应该将属于自己的东西也要舍弃。教师虽然也是一个平凡的人，也希望自己有幸福的人生，然而教师的幸福主要不在于物质上的享受，而应该是精神上的追求。超越性是人的本质特性之一。

道德智慧作为人的道德理性的最高形式，它实际上就是要求人要能够超越经验或自我，直面和领悟人的活动和关系中的价值规定和价值必然的"思维着的悟性"。所以，要回归道德智慧，教师就应该在自己独特的实践领域中实现"自我超越"，超越"自我的失落"、超越"存在的空虚"、超越"喧嚣的孤独"……唯有这样，教师才能实现自身的价值，"诗意"地栖居在大地上。

正如苏霍姆林斯基所说："如你想让教师的劳动能够给教师带来乐趣，使天天上课不至于变成一种单调乏味的义务，那么你就应当引导每一位教师走到从事研究这条幸福的道路上来。"

教师要搞教育科研，使自己成为研究型的教师。每个人都有做一番事业的志向，如果一个人能把自己的职业不仅仅看作一份职业，而是看作一番事业，那他一定会更加拼搏，更加热爱这份职业。教师可以观察学生，了解学生的认知、情感、能力的现状和发展动态，关注教学过程，分析教学方法和教学过程对教学效果的影响。

第二章

相融相生：教师道德智慧的生发机制

JIAOSHI DAODE ZHIHUI DE YINLING

第一节 政策引领中的规范强化

问题与分析

📍 问题直击

小王老师刚从师范大学毕业，他带着满腔的工作热情投入教育教学工作中。他工作兢兢业业，认真负责，对学生要求非常严格。课堂教学上，如果有学生不认真听讲、回答或板演错误，他就会严厉训斥。日常管理中，他经常采取不许进教室、罚款、罚站、罚跑步等方式来惩罚犯错误的学生。与学生交流时，由于小王来自一线城市，对于来自偏远地区的务工人员的子女，小王觉得他们见识不广，在许多问题上经常忽视他们的意见，不太注意他们的感受。学生和家长对此意见很大，周围同事也曾善意地提醒过他，甚至学校领导也专门找他沟通过，但是小王却不以为然。

直到一次语文默写，一名平时成绩还不错的学生因为当天没有认真准备而默得很糟。在小王训斥他的时候，该同学非但没有表现得很愧疚，反而嘴角带笑。小王顿时火冒三丈，拿着语文书就在这名学生的头上打了几下。当时无事，学生回家后感到头疼，父母询问原因方知经过，于是就气势汹汹地来到学校，向学校投诉并要求小王老师辞职。在校方调查核实之后，小王才觉得所做欠妥。为此，他不得不道歉并做出深刻的反思……

🦋 问题诊断

小王老师的行为显然是错误的。教师的爱要严而有格，教师的管理要遵守法规，教师的教育要公平公正。小王老师的行为违背了依法执教、热爱学生、"以生为本"的教师职业基本道德规范。

依法执教，教师就要严格遵守《教师法》《教育法》以及有关教育的法律、法规，依法开展教育教学活动；就要尊重学生的人格，不能体罚、变相体罚甚至侮辱学生。热爱学生是教师的天职。在教育过程中，教师与学生无论是在法律人格还是道德人格上都是平等的，教师要充分尊重学生的人格，公正、公平、不偏不倚、一视同仁地对待学生，既要严格要求学生也要耐心引导学生。"以学生为本"的人文关怀精神就是"一切为了学生、为了一切学生和为了学生的一切"。它不但建立在教师自己的理性认识上，更要扎根于师生的情感关系里，具体表现在师生交流中。即：在交流中与学生平等对话，更深入全面地了解学生，并借助这种了解，更好地关怀学生。不论学生的家庭背景如何，教师都需要肯定和鼓励学生，肯定和鼓励学生的优点及其积极面都是对学生很好的关怀。

小王老师具有代表性。在初入职时，他们的政策法规意识普遍较弱。外在的规约往往需要通过借助教师专业道德事件处理，震慑和推动教师反思及内化。专业道德制度和规则的刚性，更多地体现在对"失范"者的强制力，重在对"失范者"及周围教师的震慑，并引发教师在专业道德层面的自我检查、反思。这个过程，加深了教师对制度和规则的理解，唤醒专业道德的觉醒，加速专业道德制度和规则的"内化"，积累专业道德智慧的实践经验。

教师是教育的根本，师德是教师的灵魂。作为一名年轻教师，其职业道德知识、职业道德经验和职业道德能力还比较薄弱，道德智慧作为一种理论理性智慧在其职业之初还不能达到道德本质的理论制高点，作为实践理性智慧在其职业生活中还没有被充分领悟，这正是职业道德规范等集体规约在教师职业之初的重要作用。

理论与应用

◎ 理论导航

道德发展总是经历他律向自律的转化，教师专业道德的发展也是如此。个体应在制度和标准规约下的"他律"走向制度和标准个性化"内化"之后的"自律"，即逐步走向个体专业道德自由、具有专业道德智慧的过程，需要在政策法规的引领中逐步强化。教师专业道德"边界"的形成、专业道德体系的构建和道德行为习惯的养成，必须借助教师专业道德制度体系建设。

我国教育主管部门始终将其摆在教师队伍建设的首位，持续努力建设教师专业道德制度体系。

30 多年以来，我国曾先后 4 次颁布中小学职业道德规范，提出"爱国守法、爱岗敬业、关爱学生、教书育人、为人师表、终身学习""严谨治学，服务社会"等规范要求。1997 年、2005 年，我国教育部门分别印发《关于在中小学教师继续教育中加强教师职业道德教育的意见》《关于进一步加强和改进师德建设的意见》，指出要从全面建设小康社会和实现中华民族伟大复兴的高度，充分认识新时期加强和改进师德建设的重要意义。2013 年和 2014 年的两年间，《关于建立健全中小学师德建设长效机制的意见》《关于建立健全高校师德建设长效机制的意见》等文件出台，师德档案、考核、监督、奖惩等制度不断完善，师德建设步入规范化、制度化、法治化轨道。[1]

2018 年，又连续出台《幼儿园教师违反职业道德行为处理办法》、《中小学教师违反职业道德行为处理办法》（2018 年修订）、《新时代高校教师职业行为十项准则》、《新时代中小学教师职业行为十项准则》、《新时代幼儿园教师职业行为十项准则》，处理师德失范行为、震慑师德失范教师，对师德典范行为提出更高的要求。2019 年，教育部等七部门印发《关于加强和改进新时代师德师风建设的意见》，进一步明确新时代师德师风建设的指导思想、基本原则、工作目标及任务举措，健全师德师风建设长效机制，倡导全社会尊师重教。最终实现了师德建设政策体系的全覆盖，从而让师德建设不仅成为一种道德的呼唤，更成为一种制度的规约。教师专业道德的修炼、专业道德智慧的领悟有了系统的外在政策引领。

这些教育与师德方面的政策、法律、法规，都是外在的刚性规则体系设计，一方面通过培训等方式传达给教师，另一方面在教育教学制度及活动中转化为对教育教学实践的要求，通过各种禁令行为和嘉许行为对教师道德智慧的领悟产生潜移默化的影响。

---

[1] 董洪亮，赵婀娜. 尊师重教 30 年：教师节设立以来教师政策的重要变革 [N]. 人民日报，2014-9-9.

于是，越来越多的教师用自己的行动诠释"学为人师、行为世范"的深刻内涵。他们中有的扎根乡村山区，真情关爱留守儿童；有的坚守特殊教育，为残疾学生点亮一盏明灯；有的背井离乡，圆满完成援藏援疆支教任务；有的舍身勇斗歹徒，身受重伤而使命无悔。

这些普通而又伟大的教师，彰显了中国教师的美好形象，展现了人民教师胸怀祖国、热爱人民的博大情怀。学为人师、关爱学生的优秀品质，无私奉献、热爱事业的崇高境界，这些都是新时代教师群体的良好风貌，都是促进中国教育发展前行的"正能量"。

由此可见，专业道德制度体系作为一种外在的规约，在规范强化师德智慧的引领中发挥着基础作用。一方面通过政策法规的宣传培训、专业道德人物和事件的宣讲，从理性认知和感性感染两方面加深教师对专业道德标准和规则认知，进而产生对专业道德制度的"敬畏"，促进理论理性智慧的发展。另一方面，专业道德制度在教育教学工作中的执行，将教师专业道德的具体规则和细节要求渗透到教育教学实践中，并具体对教师教育活动内容、方式，甚至课堂教学具体环节等进行规范，让教师在道德实践中对自己的道德生活能力和道德生活状况进行审视和评判，对其自身的道德生活能力和道德生活状况形成合乎理性的理解，并推动自己以更加合乎客观伦理的方式生活或生存，促进实践理性智慧的发展。

道德智慧是人类致力于过好道德生活的智慧，是人们运用道德知识、道德经验和道德能力对自己、他人、社会和自然的关系的积极的道德审视、道德觉解、道德洞见，并对他人、社会、自然给予历史的、未来的多种可能性关系的明智、果敢的判断和选择，反映的是人们对善恶进行道德价值认识、道德价值判断、道德价值定位和道德价值选择的能力。而教师的道德智慧是基于教师专业道德基础上的把握人生、洞悉社会、妥善处理各种关系的智慧。

作为理论理性的道德智慧、政策法规引导教师重视通过培训和学习去认识教师道德的本质；作为实践理性智慧的道德智慧、政策法规规范教师在教育教学实践中知行合一，进行"事实与价值、天道与人道"相混合的一线实践。教师的道德智慧在政策引领中获得规范和强化。

❀ 行动研修

康德说："世界上有两种东西最能引起人们的震撼，一是天上的星空，一是人内心的道德律。"教师道德智慧归根究底在于每一位教师内心的道德律的觉醒。但是，相关社会制度之于教师的保障和规约更是重要的现实。

一、在学习中建立道德认知

国家已经建立了完备的职业道德制度体系、全覆盖的教育政策法规体系，这些是教师应当认知、遵循的职业道德条律，需要教师在职业生涯中不断学习、实践和体悟，从外在约束走向内在自觉。

指导青年教师学习职业法规、自我认知和道德实践同样重要，都可以启悟他们的道德智慧。通过政策法规规范学习和自我学习、自我教育的启悟，能够帮助青年教师在实践中逐渐领悟职业道德的重要性和专业性。政策法规符合教育伦理，规范着教师的专业实践，指导着教师的专业行为，调节着教育各方关系。

二、在自我教育中道德觉醒

教师这一职业有着特殊要求——"学高为师，行为世范"，教师的职业生涯就是不断地接受再教育和启悟自我教育的过程，即：从遵循政策法规的引领，学习规约条例，到自我道德觉醒，学会关心、宽容和尊重，倾听、共情和积极关注，与学生、同事更好相处，从不成熟教师走向成熟教师，从不完善的人走向完善完美的人，进而从生命的物质状态走向生命的精神状态，在为学生进行道德示范中体验职业的幸福，追求生命的价值，理解存在的意义，获得道德觉醒。

三、通过指导启迪道德智慧

指导青年教师自我探索，启动内在觉悟，可以让青年教师审视自己的职场行为，比如无私地关爱学生，不论学生的成绩优劣、习惯好坏、长相俊丑、家庭贫富，也不管其父母权位高低，教师都要一视同仁地给予学生平等的爱。

　　指导青年教师了解现代教育下学生的发展指导，懂得多元智能理论，充分尊重学生的差异性，学会关注学生的优势，宽容学生的不足，在深入了解学生个性发展的基础上有针对性地对每一个学生因材施教，从而"顺木之天，以致其性"。教师在践行规范中，以科学、专业和审美的能力，更好地帮助学生成长，同时更好地帮助自己成长，体验"教学互长"的成长，更好地感受助人助己的幸福，获得积极的道德情感，这将促使教师进入职业道德境界，领悟人士道德智慧。

　　附：部分最新政策法规文件

关于加强和改进新时代师德师风建设的意见

　　为认真贯彻落实《新时代公民道德建设实施纲要》，深入推进实施《中共中央 国务院关于全面深化新时代教师队伍建设改革的意见》，全面提升教师思想政治素质和职业道德水平，现就加强和改进新时代师德师风建设提出如下意见。

　　一、加强师德师风建设的总体要求

　　1. 指导思想。以习近平新时代中国特色社会主义思想为指导，深入学习贯彻习近平总书记关于教育的重要论述和全国教育大会精神，把立德树人的成效作为检验学校一切工作的根本标准，把师德师风作为评价教师队伍素质的第一标准，将社会主义核心价值观贯穿师德师风建设全过程，严格制度规定，强化日常教育督导，加大教师权益保护力度，倡导全社会尊师重教，激励广大教师努力成为"四有"好老师，着力培养德智体美劳全面发展的社会主义建设者和接班人。

　　2. 基本原则

　　——坚持正确方向。加强党对教育工作的全面领导，坚持社会主义办学方向，确保教师在落实立德树人根本任务中的主体作用得到全面发挥。

　　——坚持尊重规律。遵循教育规律、教师成长发展规律和师德师风建设规律，注重高位引领与底线要求结合、严管与厚爱并重，不断激发教师内生动力。

　　——坚持聚焦重点。围绕重点内容，针对突出问题，强化各地各部门的领导责任，压实学校主体责任，引导家庭、社会协同配合，推进师德师风建设工作制度化、常态化。

　　——坚持继承创新。传承中华优秀师道传统，全面总结改革开放特别是党的十八大以来师德师风建设经验，适应新时代变化，加强创新，推动师德师风建设工作不断深化。

　　3. 总体目标。经过 5 年左右的努力，基本建立起完备的师德师风建设制度体系和有效的师德师风建设长效机制。教师思想政治素质和职业道德水平全面提升，教师敬业立学、崇德尚美呈现新风貌。教师权益保障体系基本建立，教师安心、热心、舒心、静心从教的良好环境基本形成，师道尊严进一步提振。全社会对教师职业认同度加深，教师政治地位、社会地位、职业地位显著提高，尊师重教蔚然成风。

　　二、全面加强教师队伍思想政治工作

　　4. 坚持思想铸魂，用习近平新时代中国特色社会主义思想武装教师头脑。健全教师理论学习制度，开展习近平新时代中国特色社会主义思想系统化、常态化学习，重点加强习近平总书记关于教育的重要论述的学习，使广大教师学懂弄通、入脑入心，自觉用"四个意识"导航，用"四个自信"强基，用"两个维护"铸魂。依托高水平高校建设一批教育基地，同时统筹党校（行政学院）资源，定期开展教师思想政治轮训，使广大教师更好地掌握马克思主义立场观点方法，认清中国和世界发展大势，增进对中国特色社会主义的政治认同、思想认同、理论认同、情感认同。

　　5. 坚持价值导向，引导教师带头践行社会主义核心价值观。将社会主义核心价值观融入教育教学全过程，体现到学校管理及校园文化建设各环节，进一步凝聚起师生员工思想共识，使之成为共同价值追求。弘扬中华优秀传统文化、革命文化和社会主义先进文化，培育科技创新文化，充分发挥文化涵养师德师风功能。身教重于言教，引导教师开展社会实践，深入了解世情、党情、国情、社情、民情，强化教育强国、教育为民的责任担当。健全教师志愿服务制度，鼓励支持广大教师参加志愿服务活动，在服务社会的实践中厚植教育情怀。重视高层次人才、海外归国教师、青年教师的教育引导，增强工作针对性。

6. 坚持党建引领，充分发挥教师党支部和党员教师作用。建强教师党支部，使教师党支部成为涵养师德师风的重要平台。建好党员教师队伍，使党员教师成为践行高尚师德的中坚力量。重视在高层次人才和优秀青年教师中发展党员工作，完善学校领导干部联系教师入党积极分子等制度。开展好"三会一课"，健全党的组织生活各项制度，通过组织集中学习、定期开展主题党日活动、经常开展谈心谈话、组织党员教师与非党员教师结对联系等，充分发挥教师党支部的战斗堡垒作用和党员教师的先锋模范作用。涉及教师利益的重要事项、重点工作，应征求教师党支部意见。

三、大力提升教师职业道德素养

7. 突出课堂育德，在教育教学中提升师德素养。充分发挥课堂主渠道作用，引导广大教师守好讲台主阵地，将立德树人放在首要位置，融入渗透到教育教学全过程，以心育心、以德育德、以人格育人格。把握学生身心发展规律，实现全员全过程全方位育人，增强育人的主动性、针对性、实效性，避免重教书轻育人倾向。加强对新入职教师、青年教师的指导，通过老带新等机制，发挥传帮带作用，使其尽快熟悉教育规律、掌握教育方法，在育人实践中锤炼高尚道德情操。将师德师风教育贯穿师范生培养及教师生涯全过程，师范生必须修学师德教育课程，在职教师培训中要确保每学年有师德师风专题教育。

8. 突出典型树德，持续开展优秀教师选树宣传。大力宣传新时代广大教师阳光美丽、爱岗敬业、甘于奉献、改革创新的新形象。深入挖掘优秀教师典型，综合运用授予荣誉、事迹报告、媒体宣传、创作文艺作品等手段，充分发挥典型引领示范和辐射带动作用。开展多层次的优秀教师选树宣传活动，形成校校有典型、榜样在身边、人人可学可做的局面。组织教师中的"时代楷模"、全国教书育人楷模、国家教学名师、最美教师等开展师德宣讲。鼓励各地各校采取实践反思、情景教学等形式，把一线优秀教师请进课堂，用真人真事诠释师德内涵。

9. 突出规则立德，强化教师的法治和纪律教育。以学习《中华人民共和国教师法》、新时代教师职业行为十项准则系列文件等为重点，提高全体教师的法治素养、规则意识，提升依法执教、规范执教能力。制订教师法治教育大纲，将法治教育纳入各级各类教师培训体系。强化纪律建设，全面梳理教师在课堂教学、关爱学生、师生关系、学术研究、社会活动等方面的纪律要求，依法依规健全规范体系，开展系统化、常态化宣传教育。加强警示教育，引导广大教师时刻自重、自省、自警、自励，坚守师德底线。

四、将师德师风建设要求贯穿教师管理全过程

10. 严格招聘引进，把好教师队伍入口。规范教师资格申请认定，完善教师招聘和引进制度，严格思想政治和师德考察，充分发挥党组织的领导和把关作用，建立科学完备的标准、程序，坚决避免教师招聘引进中的唯分数、唯文凭、唯职称、唯论文、唯帽子等倾向。鼓励有条件的地方和学校结合实际探索开展拟聘人员心理健康测评，作为聘用的重要参考。严格规范教师聘用，将思想政治和师德要求纳入教师聘用合同。加强试用期考察，全面评价聘用人员的思想政治和师德表现，对不合格人员取消聘用，及时解除聘用合同。高度重视从海外引进人才的全方位考察，提升人才引进质量。

11. 严格考核评价，落实师德第一标准。将师德考核摆在教师考核的首要位置，坚持多主体多元评价，以事实为依据，定性与定量相结合，提高评价的科学性和实效性，全面客观评价教师的师德表现。发挥师德考核对教师行为的约束和提醒作用，及时将考核发现的问题向教师反馈，并采取针对性举措帮助教师提高认识、加强整改。强化师德考核结果的运用，师德考核不合格者年度考核应评定为不合格，并取消在教师职称评聘、推优评先、表彰奖励、科研和人才项目申请等方面的资格。

12. 严格师德督导，建立多元监督体系。完善多方广泛参与、客观公正科学合理的师德师风监督机制。加强政府督导，将各级各类学校师德师风建设长效机制落实情况作为对地方政府履行教育职责评价的重要测评内容，针对群众反映强烈的问题、师德师风问题多发的地方开展专项督导。加强学校监督，各级各类学校要在校园显著位置公示学校及教育主管部门举报电话、邮

箱等信息，依法依规接受监督举报。强化社会监督，探索建立师德师风监督员制度，定期对学校师德师风建设情况进行监督评议，向教育主管部门反馈，将监督评议情况作为学校及领导班子年度考核的重要内容。

13. 严格违规惩处，治理师德突出问题。推动地方和高校落实新时代教师职业行为十项准则等文件规范，制定具体细化的教师职业行为负面清单。把群众反映强烈、社会影响恶劣的突出问题作为重点从严查处，针对高校教师性骚扰学生、学术不端以及中小学教师违规有偿补课、收受学生和家长礼品礼金等开展集中治理。一经查实，要依规依纪给予组织处理或处分，严重的依法撤销教师资格、清除出教师队伍。建立师德失范曝光平台，健全师德违规通报制度，起到警示震慑作用。建立并共享有关违法信息库，健全教师入职查询制度和有关违法犯罪人员从教限制制度。

五、着力营造全社会尊师重教氛围

14. 强化地位提升，激发教师工作热情。制定教育改革发展和教师队伍建设重大决策、重要文件充分听取教师代表意见。各地重要节庆日活动，邀请优秀教师代表参加。做好优秀教师表彰奖励，依法依规在做出重大贡献、享有崇高声誉的教师中开展"人民教育家"荣誉称号评选授予工作，健全教书育人楷模、模范教师、优秀教师等多元的教师荣誉表彰体系。完善表彰奖励及管理办法，依法依规确定荣誉获得者享受的政治、生活待遇，加强对荣誉获得者后续支持服务。

15. 强化权利保护，维护教师职业尊严。维护教师依法执教的职业权利，推动完善相关法律法规，明确教师教育管理学生的合法职权，研究出台教师惩戒权办法。学校和相关部门依法保障教师履行教育职责，对无过错但客观上发生学生意外伤害的，教师依法不承担责任。教师尊严不可侵害，对发生学生、家长及其亲属等因为教师履职行为而对教师进行侮辱、谩骂、肢体侵害，或者通过网络对教师进行诽谤、恶意炒作等行为，有关部门要高度重视，从严处理，构成违法犯罪的，依法追究相应责任。学校及教育部门应为教师维护合法权益提供必要的法律等方面支持。

16. 强化尊师教育，厚植校园师道文化。从幼儿园开始加强尊师教育，加快形成接续我国优秀传统、符合时代精神的尊师重教文化。推进尊师文化进教材、进课堂、进校园，通过尊师第一课、9月尊师主题月等形式，将尊师重教观念渗透进学生的价值体系。有条件的地方和学校可结合实际统筹有关资源，因地制宜安排一线教师特别是长期从教教师进行疗休养，重点向符合条件的班主任和乡村教师倾斜。做好教师荣休工作，礼敬退休教师，弘扬尊师风尚。建立健全教职工代表大会制度，保障教师参与学校决策的民主权利。加强家庭教育，健全家校联系制度，引导家长尊重学校教育安排，尊敬教师创造发挥，配合学校做好学生的学习教育。

17. 强化各方联动，营造尊师重教氛围。加强展现新时代教师风貌的影视文学作品创作，善用微博、微信、微视频、微电影等新媒体形式，传递教师正能量，让全社会广泛了解教师工作的重要性和特殊性。支持鼓励行业企业在向社会公众提供服务时"教师优先"。鼓励图书馆、博物馆、科技馆、体育场馆以及历史文化古迹和革命纪念馆（地）等对教师实行优待。鼓励社会团体、企业、民间组织对教师出资奖励，或通过依法成立基金、设立项目等方式，支持教师提升能力素质、进行疗休养或予以奖励激励。

六、推进师德师风建设任务落到实处

18. 加强工作保障，强化责任落实。各地各校要把加强师德师风建设、弘扬尊师重教传统作为教师队伍建设的首要任务，夯实学校主体责任，压实学校主要负责人第一责任人责任。高校要强化党委教师工作部建设，明确将教师思想政治和师德师风建设作为其主要职责。各地各校要建立健全责任落实机制，坚持失责必问、问责必严。财政部门要坚持将教师队伍建设作为教育投入重点予以优先保障，按规定统筹现有资金渠道支持师德师风建设。依托现有资源，建设一批师德师风建设基地，加强工作支撑，提高师德师风建设工作的科学性、实效性。

新时代高校教师职业行为十项准则

教师是人类灵魂的工程师，是人类文明的传承者。长期以来，广大教师贯彻党的教育方针，教书育人，呕心沥血，默默奉献，为国家发展和民族振兴做出了重大贡献。新时代对广大教师落实立德树人根本任务提出新的更高要求。为进一步增强教师的责任感、使命感、荣誉感，规范职业行为，明确师德底线，引导广大教师努力成为有理想信念、有道德情操、有扎实学识、有仁爱之心的好老师，着力培养德智体美劳全面发展的社会主义建设者和接班人，特制定以下准则。

一、坚定政治方向。坚持以习近平新时代中国特色社会主义思想为指导，拥护中国共产党的领导，贯彻党的教育方针；不得在教育教学活动中及其他场合有损害党中央权威、违背党的路线方针政策的言行。

二、自觉爱国守法。忠于祖国，忠于人民，恪守宪法原则，遵守法律法规，依法履行教师职责；不得损害国家利益、社会公共利益，或违背社会公序良俗。

三、传播优秀文化。带头践行社会主义核心价值观，弘扬真善美，传递正能量；不得通过课堂、论坛、讲座、信息网络及其他渠道发表、转发错误观点，或编造散布虚假信息、不良信息。

四、潜心教书育人。落实立德树人根本任务，遵循教育规律和学生成长规律，因材施教，教学相长；不得违反教学纪律，敷衍教学，或擅自从事影响教育教学本职工作的兼职兼薪行为。

五、关心爱护学生。严慈相济，诲人不倦，真心关爱学生，严格要求学生，做学生良师益友；不得要求学生从事与教学、科研、社会服务无关的事宜。

六、坚持言行雅正。为人师表，以身作则，举止文明，作风正派，自重自爱；不得与学生发生任何不正当关系，严禁任何形式的猥亵、性骚扰行为。

七、遵守学术规范。严谨治学，力戒浮躁，潜心问道，勇于探索，坚守学术良知，反对学术不端；不得抄袭剽窃、篡改侵吞他人学术成果，或滥用学术资源和学术影响。

八、秉持公平诚信。坚持原则，处事公道，光明磊落，为人正直；不得在招生、考试、推优、保研、就业及绩效考核、岗位聘用、职称评聘、评优评奖等工作中徇私舞弊、弄虚作假。

九、坚守廉洁自律。严于律己，清廉从教；不得索要、收受学生及家长财物，不得参加由学生及家长付费的宴请、旅游、娱乐休闲等活动，或利用家长资源牟取私利。

十、积极奉献社会。履行社会责任，贡献聪明才智，树立正确义利观；不得假公济私，擅自利用学校名义或校名、校徽、专利、场所等资源谋取个人利益。

新时代中小学教师职业行为十项准则

教师是人类灵魂的工程师，是人类文明的传承者。长期以来，广大教师贯彻党的教育方针，教书育人，呕心沥血，默默奉献，为国家发展和民族振兴做出了重大贡献。新时代对广大教师落实立德树人根本任务提出新的更高要求。为进一步增强教师的责任感、使命感、荣誉感，规范职业行为，明确师德底线，引导广大教师努力成为有理想信念、有道德情操、有扎实学识、有仁爱之心的好老师，着力培养德智体美劳全面发展的社会主义建设者和接班人，特制定以下准则。

一、坚定政治方向。坚持以习近平新时代中国特色社会主义思想为指导，拥护中国共产党的领导，贯彻党的教育方针；不得在教育教学活动中及其他场合有损害党中央权威、违背党的路线方针政策的言行。

二、自觉爱国守法。忠于祖国，忠于人民，恪守宪法原则，遵守法律法规，依法履行教师职责；不得损害国家利益、社会公共利益，或违背社会公序良俗。

三、传播优秀文化。带头践行社会主义核心价值观，弘扬真善美，传递正能量；不得通过课堂、论坛、讲座、信息网络及其他渠道发表、转发错误观点，或编造散布虚假信息、不良信息。

四、潜心教书育人。落实立德树人根本任务，遵循教育规律和学生成长规律，因材施教，教学相长；不得违反教学纪律，敷衍教学，或擅自从事影响教育教学本职工作的兼职兼薪行为。

五、关心爱护学生。严慈相济，诲人不倦，真心关爱学生，严格要求学生，做学生良师益友；不得歧视、侮辱学生，严禁虐待、伤害学生。

六、加强安全防范。增强安全意识，加强安全教育，保护学生安全，防范事故风险；不得在教育教学活动中遇突发事件、面临危险时，不顾学生安危，擅离职守，自行逃离。

七、坚持言行雅正。为人师表，以身作则，举止文明，作风正派，自重自爱；不得与学生发生任何不正当关系，严禁任何形式的猥亵、性骚扰行为。

八、秉持公平诚信。坚持原则，处事公道，光明磊落，为人正直；不得在招生、考试、推优、保送及绩效考核、岗位聘用、职称评聘、评优评奖等工作中徇私舞弊、弄虚作假。

九、坚守廉洁自律。严于律己，清廉从教；不得索要、收受学生及家长财物或参加由学生及家长付费的宴请、旅游、娱乐休闲等活动，不得向学生推销图书报刊、教辅材料、社会保险或利用家长资源谋取私利。

十、规范从教行为。勤勉敬业，乐于奉献，自觉抵制不良风气；不得组织、参与有偿补课，或为校外培训机构和他人介绍生源、提供相关信息。

新时代幼儿园教师职业行为十项准则

教师是人类灵魂的工程师，是人类文明的传承者。长期以来，广大教师贯彻党的教育方针，教书育人，呕心沥血，默默奉献，为国家发展和民族振兴做出了重大贡献。新时代对广大教师落实立德树人根本任务提出新的更高要求。为进一步增强教师的责任感、使命感、荣誉感，规范职业行为，明确师德底线，引导广大教师努力成为有理想信念、有道德情操、有扎实学识、有仁爱之心的好老师，着力培养德智体美劳全面发展的社会主义建设者和接班人，特制定以下准则。

一、坚定政治方向。坚持以习近平新时代中国特色社会主义思想为指导，拥护中国共产党的领导，贯彻党的教育方针；不得在保教活动中及其他场合有损害党中央权威和违背党的路线方针政策的言行。

二、自觉爱国守法。忠于祖国，忠于人民，恪守宪法原则，遵守法律法规，依法履行教师职责；不得损害国家利益、社会公共利益，或违背社会公序良俗。

三、传播优秀文化。带头践行社会主义核心价值观，弘扬真善美，传递正能量；不得通过保教活动、论坛、讲座、信息网络及其他渠道发表、转发错误观点，或编造散布虚假信息、不良信息。

四、潜心培幼育人。落实立德树人根本任务，爱岗敬业，细致耐心；不得在工作期间玩忽职守、消极怠工，或空岗、未经批准找人替班，不得利用职务之便兼职兼薪。

五、加强安全防范。增强安全意识，加强安全教育，保护幼儿安全，防范事故风险；不得在保教活动中遇突发事件、面临危险时，不顾幼儿安危，擅离职守，自行逃离。

六、关心爱护幼儿。呵护幼儿健康，保障快乐成长；不得体罚和变相体罚幼儿，不得歧视、侮辱幼儿，严禁猥亵、虐待、伤害幼儿。

七、遵循幼教规律。循序渐进，寓教于乐；不得采用学校教育方式提前教授小学内容，不得组织有碍幼儿身心健康的活动。

八、秉持公平诚信。坚持原则，处事公道，光明磊落，为人正直；不得在入园招生、绩效考核、岗位聘用、职称评聘、评优评奖等工作中徇私舞弊、弄虚作假。

九、坚守廉洁自律。严于律己，清廉从教；不得索要、收受幼儿家长财物或参加由家长付费的宴请、旅游、娱乐休闲等活动，不得推销幼儿读物、社会保险或利用家长资源谋取私利。

十、规范保教行为。尊重幼儿权益，抵制不良风气；不得组织幼儿参加以营利为目的的表演、竞赛等活动，或泄露幼儿与家长的信息。

第二节　学习过程中的榜样感化

问题与分析

🌢 问题直击

刘老师是一名工作三年的青年教师。虽然工作才三年，但是他已经感受到了对于工作的倦怠感。日复一日的琐碎工作令他身心俱疲，尤其是每天都要为处理班级里的各种小问题而烦心，与家长的沟通也让他疲于应付，更别说是学校的各种培训和活动。有些事，他是能躲就躲，早已没有了刚入职时的热情和期待。曾经那个鲜活饱满的自己已化为一潭死水，惊不起半点波澜。

最近，他在工作状态更为消极，课前潦草备课，下课立马走人，完全不想在课堂外和学生有任何接触。放学时间一到就准点离开，甚至未到下班时间就擅自离岗。平时也不认真钻研专业知识，没课的时候就刷手机看剧。学生有事找他，他敷衍了事，班级管理一团糟，很多学生对他颇有微词。于是，他的教学质量直线下降，领导开始找他谈话。这让他更加苦恼，他体会不到作为一名老师的幸福感和成就感。沉沦和迷茫弥漫在他的周围，他不知道该怎么做。

而与此同时，我们也看到另外一群人，他们处在相同的情境中，但是他们仍然积极地面对、充满热情与活力地在自己的工作中努力工作。他们无私地关爱学生，以身作则，以自身的魅力感染影响学生，并在工作中体会到价值感和幸福感。

王老师和刘老师是同一时间入职的青年教师，在刚工作时她也遇到了同样的问题，每天各种琐事让她焦头烂额，因为经验不足总是要为处理各种事情而烦扰。但是，她却没有丧失热情，每当她觉得困扰的时候，就会想到自己的师傅。师傅是她的榜样，虽身兼数职，工作非常繁忙，但无论什么时候看到她，都是一副淡定从容的模样，充满自信。每次和师傅交流自身的困惑，王老师都能从师傅身上汲取到能量，找到解决问题的方式。她希望自己能够成为像师傅那样温暖有智慧的老师。在她身边，这样的老师还有很多，她很好奇为什么这些老师工作那么多年仍然可以对工作抱有巨大的热情。她去听课，向他们请教，学习他们身上的优点。慢慢地随着经验的增加，她获得了一些肯定和认可，也开始能够感受到这份工作带来的价值和幸福。

🦋 问题诊断

同样是入职不久的老师，为什么对待这份工作却有着截然不同的态度和感受呢？

对于刘老师来说，他并非不热爱教师这份职业，他也曾对这份工作充满抱负与热情，之所以变得倦怠、缺少激情，从某种程度上表明刘老师自身修炼不够，缺乏道德智慧。在工作中遇到困扰时，他选择消极应对，没有考虑到这种工作态度会给学生带来的消极影响，未能承担起相应的责任。《中学教师专业标准》中要求教师理解中学教育工作的意义——为人师表、教书育人、自尊自律，以人格魅力和学识魅力教育感染中学生，做中学生健康成长的指导者和引路人。我们很难相信对职业没有热情，感受不到幸福感和成就感的老师，能够教育出具有幸福感和成就感的学生。尽管在多年的师范教育中，刘老师也曾受到过职业道德的教育，但是在实践中的体认（理论与实践相结合的认识）尚未形成。他无法找到工作以及与人相处的应有之义，无法在教育工作中体验到职业幸福感。只有外在的政策要求、道德规范，没有内在的道德触动、道德觉醒，道德智慧就不可能生发。

反观王老师，她之所以能够在同样的处境中对工作抱有热情，慢慢在工作中感受到价值，体验到幸福感，是因为她一直修炼、完善自己。她善于发现身边的优秀教师群体。在和他们相处的过程中，他们的人格魅力激励着她向他们看齐。她慢慢受到了感化，把他们视为榜样，这激发了她完善自我的动力，以榜样为标准检查自己，发现自己的不足，主动地发展自己。每当陷入迷惘时，她都向师傅以及身边其他的榜样寻求帮助，这会指引她拨开迷雾，寻找解决问题的方法。在向榜样学习的过程中，她自身的道德智慧不断增强，工作的幸福感也不断提升。

教师的幸福是教师在自己的教育工作中自由实现自己的职业理想的一种教育主题生存状态。职业幸福感作为教师道德智慧的特性之一，是教师专业发展的内在动力。不只是刘老师，现实中很多老师都体会不到职业幸福感，这与其说是他们的职业幸福感缺失，不如说是他们道德智慧的缺失。具有道德智慧的教师更容易从职业中感受到了幸福，只有这样才能真正实现自己的专业发展。

其实，幸福感与道德智慧之间并不是这种简单的线性关系，而是一种螺旋上升的关系。在某个契机中，教师受到感化，觉察到面对具体的道德情境如何做出恰当的道德选择，然后在道德实践中感受到职业幸福，进而这种职业幸福更加促进了教师对自己专业性发展的追求，激活了教师的专业发展的意愿，拓展了对道德本质的认识，其道德智慧就得到了进一步的滋养。

对于刘老师目前的状态来说，他更需要这样一群人的感化和引领，帮助他拨开迷雾，指引他前进，激励他改变自己目前的态度和行为。

理论与应用

◎ 理论导航

道德智慧的发展，除了外在政策的刚性规约、失范震慑外，还需要外在榜样的柔性引领、典型示范。尤其是教师身边的榜样示范，教师在感知他们的日常言行、工作状态和典范事迹中，引发行为依从、情感认同和认知内化，建立正确的职业态度，确立自身的行为准则。

正所谓"以善先人者谓之教"，对于教师出现的职业倦怠、态度消极以及职业发展方向等问题，需要一些具有高度道德智慧的榜样老师的示范，让个体在学习中得到感化，通过榜样教师良好的行为，尤其是榜样教师良好的行为所蕴含的人格力量对他人产生影响，即便并不存在教育的意图，其人格也能够对别人产生影响，正如"近朱者赤，近墨者黑"一样。不仅如此，与榜样人物的对照更像一面镜子，能够鞭策学习者对照他人、检查自己，查找差距和不足，发现自己的"盲区"，探索自己的"未知区"，激发内在的自我完善的动力，指引自己道德发展努力的方向，习得道德发展的方法，从而在向榜样学习的过程中不断增强道德智慧。

心理学家塔尔德提出，人的一切社会行为都是模仿的结果。人天生具有模仿的倾向，不管是好的还是坏的，就算是没有吩咐他们去做，也是一样。这就存在两个方面的问题：一是好行为的模仿，一是坏行为的模仿。对于好行为的模仿，一个重要途径是榜样的学习。正像心理学家班杜拉所说："人类的大多数社会行为是通过观察榜样而习得的。"榜样示范通过用正面人物的优秀品质和实践行为直接或间接地影响受教育者，使受教育者在榜样的模范作用下受到启发，学习和模仿榜样的品质和行为，在实践中践行榜样品质，进而内化为自己的品质和行为。对于坏行为的模仿，榜样学习的替代强化可以杜绝。在榜样学习中，强化起到很大的作用。班杜拉认为替代强化是榜样学习的动机来源，如果仿效榜样行为而导致有价值的结果，人们就会自然地倾向于展示这种行为。个体通过观察他人的行为和结果是受到强化还是惩罚，不必自己直接做出反应并亲自体验其结果，就能够做出合适的选择。由于替代强化往往能够唤起观察者的情绪反应，如果给予榜样行为以足够的积极反馈，从而引起学习者感同身受的情绪体验，就能激发学习者模仿、体验、实践榜样行为并将其转化为自身的内在动力。因此，除了提供正面、积极道德发展的榜样，还要对榜样行为进行一定的强化，通过替代强化引导人们不断塑造良好的行为，避免不良行为。

从自我发展的角度来看，重要他人对个体的影响起到了很大的作用。"重要他人"最早是由美国社会学家米尔斯在米德的自我发展理论的基础上提出的一个概念。我国的顾明远教授将"重要他人"定义为对个体自我发展有重要影响的人和群体，包括父母、教师、受崇拜的人物及同辈群体等。吴康宁教授在《教育社会学》中把重要他人划分为互动性重要他人和偶像性重要他人。互动性重要他人，是指在日常交往过程中认同的重要他人，比如身边德行高尚、令人敬佩的同伴前辈；而与此相对应的偶像性重要他人，是指在个体的崇拜心理的基础上产生的并视为学习榜样的重要他人，比如行业内令人崇拜的偶像先驱，这些人一般与个体之间有一定的距离，有一部分甚至是可望而不可即的。获得个体认可是成为"重要他人"的必需条件。

对于教师来说，这两类重要他人都是他们学习的榜样。这些榜样凭借自身的能力与品德获得学习者的认同，从而激发个体的热情和学习动力，对学习者的道德发展具有引领、督促作用，甚至能够改变个体的发展方向。当这些榜样人物成为个体的"重要他人"时，个体便会快速获得道德成长，进而成为一个具有道德智慧的人。

榜样感化通过态度形成发生作用。美国社会心理学家凯尔曼认为个体态度的转变需要经历"依从—认同—内化"三个阶段，个体只有在内心深处接受他人信念，并纳入自己的价值体系当中，才能彻底改变自己的态度。道德的发展总是经历他律向自律的转化，走向自律的过程先是对政策法规的依从，然后是个体对道德观念的情感认同，接着是内化于心的认识，最终是知行合一体认之中的升华，这样才最终到达道德智慧。

道德智慧的智慧包括认知、情感、意志、行为四个部分，一般情况下，四者协调一致。而当四者无法达到平衡时，情感便成为决定态度基本取向与行为倾向的主要因素，在转变过程中占主导地位。在教师榜样感化中，不能只进行简单的说教，这样的榜样教育达不到理想的结果，顶多只能让教师依从。认同是内化的前提，内化的关键是形成对榜样的坚定信念，坚定的信念不仅需要以理服人，更需要以情动人。要选择能够让个体认同的榜样，在对自己认同的榜样主动地、深入地认识之中，形成对榜样的情感共鸣，吸取榜样行为中所蕴含的精神品质，进而形成对榜样的坚定信念。这种坚定的信念推动学习者将榜样精神力量内化为自身的精神品质，将榜样的模范作用内化为自身行动，最终自主构建符合榜样标准的行为。

❀ 行动研修

感受外部信息，激发情感活动，促成内在转化。榜样感化，就是有感于榜样的言行，激活内心的积极力量，触发积极的情绪体验，塑造恰当的行为模式，让生命存在价值和意义。在道德实践中，榜样感化要"树立典型，氛围中激励发展""创设机会，对话中引领成长""见贤思齐，学习中获得启迪"，从道德体验中获得道德领悟，实现道德智慧的生成。

一、树立典型，氛围中激励发展

每一所学校都有很多富有道德智慧的老师，他们可以成为其他老师学习的榜样和奋斗的目标，能够为教师道德发展指明方向。学校、社会、教育主管部门，要充分挖掘现实中的优秀教师及其优秀事迹，利用官网、公众号等媒体平台开展宣传，发挥榜样人物的激励和引导作用，在教师中形成向榜样教师学习的良好氛围，形成见贤思齐、争当先进的积极局面。为了强化榜样的作用，可以对先进典型进行表彰，将先进事迹材料编制成册，在此基础上扩大榜样的教育范围。还可以邀请榜样代表进行经验分享，通过具体事例分享，用他们自己的亲身经历感召促进个体发展，在自己的领域不断追求卓越。

二、创设机会，对话中引领成长

那些缺乏道德智慧的教师身边并不缺乏榜样教师，缺少的是和榜样对话交流的机会。身边的榜样教师和普通教师同样来自一线，有着相同的工作背景，他们之间有更多"共同语言"。如果学校能够提供更多的机会让他们彼此之间对话交流，他们更容易把榜样教师作为学习甚至是模仿的对象，进而发挥影响作用。榜样教师独特的育人实践、独到的人生思考和深邃的道德领悟，能够为普通教师开拓视野，为普通教师呈现不一样的思想境界。比如组织榜样教师与普通教师开办沙龙交流、研讨会或者榜样教师引领的工作坊，还可以邀请行业榜样近距离对话，让教师们与榜样教师面对面交流教育教学活动中的疑难问题，分享人生困惑。在创设对话机会中，教师就更有可能遇到他们生命中的"重要他人"，获得他们的帮助、支持，这不仅可以促进教师自我成长，更有助于加强教师对工作的归属感和认同感。

三、见贤思齐，学习中获得启迪

为了促进自身的道德发展，除了外在树立的典型和创设的机会，教师自身也需要主动认识身边的优秀教师，寻找自己认同的榜样，积极地向身边具有道德智慧的教师学习。将他们视为学习榜样，主动地与其交流自身困惑，虚心地向他们请教问题，热情地向他们表达感谢，他们就有可能成为自己成长中的"重要他人"。尤其在日常的教育教学工作中，应当充分把握老教师这一"重要他人"，他们是我们职业发展过程中重要的助力，通过日常交谈聊天、课堂教学及合作等形式与他们探讨问题，获得道德领悟。观察学习、模仿他们的道德实践，感受他们的道德智慧，在此基础上逐渐形成自身的道德智慧。当然，"重要他人"不仅可以在身边，也可远隔千里之外。信息时代能够为我们提供很多"不在生活中，但在生命里"的"贵人"，跨越时空的交流少了许多顾忌，有时会更真诚、更有效。总之，不论是近在身边，还是远在千里之外，不论是前辈长者、同辈贤达，还是年轻后辈，甚或是古人先贤，只要见贤思齐，就能在榜样学习与感化中获得道德启迪与道德智慧。

第三节　反思过程中的心灵觉醒

问题与分析

🔖 问题直击

王老师工作很负责。课前，对于每个教学环节和知识细节，王老师都精心准备、认真分析；课后，对于每个现场生成和遗憾缺失，王老师都及时反思、努力改进。因此，她业务成长很快，是年轻教师中的佼佼者。

站稳讲台后，学校让王老师担任班主任。可是，自从当了班主任，王老师发现自己在班级管理和学生教育方面总是力不从心，班级考核时常垫底。她怀疑是不是自己不够努力，于是她加倍投入，可结果却是越投入越糟糕。老教师建议：一方面放平心态，降低自我期望，反思自己管理和教育过程中的得失；另一方面尝试多与学生交流谈心，走进学生内心世界，在理解的基础上管理和教育。王老师觉得也有道理，但实践起来却总是因操之过急而问题不断。

一天自习时，班里有位女学生偷偷抹眼泪。王老师发现后，把她喊到办公室了解情况。起初，女生不肯说，在王老师步步追问下，女孩说出了实情。男生甲因喜欢上了她，时常骚扰并警告她不许和其他男生说话。今天下课，女孩和班里男生乙说话了，男生甲很生气，捏造男生乙骂他，并下战书要和男生乙周六在某公园见。女生心里害怕，不知怎么办才好，并央求老师不要告诉家长。

王老师认为这不是小事，马上分别找男生甲、乙问话，二人拒不承认。为避免意气用事，王老师通过其他同学了解此事，并把整个过程告诉了三位家长。"约架"事件因三位家长的介入而得以解决，然而班级同学异样的眼光却使三位同学对王老师心存怨恨，他们的成绩也一落千丈。王老师不甘心，借三者作业没完成让他们放学留下来做深刻反省。学生因"班主任老是针对我"而心生怨恨，面对王老师的指责教训，来接孩子的家长也心存不满。额外付出的时间精力、为此操碎了的心，却得不到理解，王老师感到很委屈。

❀ 问题诊断

王老师的行为虽然在处理程序上没有问题——"个别谈话→外围调查→联系家长"，但在方式方法上却明显表现出道德智慧的不成熟。王老师事前没有主动地内省觉察，检查自己的教育目的、处理动机以及可能对当事人带来的后继影响；事中没有及时换位思考，读懂孩子内心的"求救信号"，只想息事宁人；事后没有真诚反思自己在处理过程中有无不妥。

经过师范教育的王老师，对职业道德的要求是知道的。但是在教育实践中，其主体内在的道德智慧、自我的道德反省、自察的道德体悟却是不足的。王老师在处理事情时更多以外在规范倒逼自己解决问题，而没有主动反思并解决学生成长过程中面临的行为叛逆、心灵孤独和价值迷茫问题。主体自我内在的道德反省和体悟才是改善并提升主体道德智慧的重要环节。"行有不得反求诸己"，当教师在教育实践中碰到问题的时候，自我的道德反省尤为重要。应在反省中觉察动念发心，警觉谨慎、提前预判，及时调整自己的教育计划和实践行为，让教育朝好的方向发展。这就需要王老师在道德实践中不断修炼，养成反思的习惯，让外在道德规范内化为主体的道德领悟，不断激发主体内在的道德觉醒。

王老师没有将自己的教育行为放置在社会道德规范的大系统中审视。教师的道德智慧从属于社会道德规范。具有规范性、强制性的政策条例只能令人守住社会底线，社会道德规范相比法律法规所起的作用更加深刻广泛。王老师不仅需要熟知政策条例，更要在实践中了解社会道德规范以及社会对师德超高标准的期许、对道德智慧的苛刻要求这一现实。所谓"学高为师，德高为范"，教师的社会职业定位和角色以及工作性质决定了教师道德的特殊性——示范性和可塑性，因此优雅的教育管理方式不仅显示出教师教书育人的专业性，也显示出教师道德智慧的引领力和示范性。参与此次事件的家长，对王老师的教师身份有着潜在的超高要求，即对王老师道德感化力量和专业处理方式具有信任之心、敬仰之情，而王老师在处理教育事件中的道德智慧不足、道德反思被动，导致了家长对王老师心存不满。

王老师对学生内心需求的体悟欠缺。教师的道德智慧觉醒在于及时体察教学主客体的内在需求，并根据现实环境及时做相应的调整。这就要求教师不仅要根据外在政策规约进行合理的教育实践，还要在此基础上针对不同的教育对象、目标、环境、过程对自己教育实践做合理又适当的调整，使其更具有指导性和操作性，即不仅要"有教无类"也要"因材施教"。显然，王老师并未针对三个孩子不同的心理及行为做具体分析和区别操作。教师在进行教育时，一方面要洞察社会对师德的过高要求，对照自身的教育实践主动反省；另一方面也要加强道德修炼，在政策学习及榜样引领中激发自身内在道德觉醒，时常换位思考、多从学生角度出发、读懂学生内心需求，及时调整自我道德要求，并充分发挥自身反思和体悟能力，锤炼自身的道德智慧。王老师在教育事件处理中，其道德反思和实践缺乏对学生内心的触动，缺乏对自我道德觉醒的真实体悟，忽略了对学生内在需求的把握，导致学生并不领情。

对于老教师的建议，王老师尽管认同，也试着调整心态、发觉育人乐趣、坚定人本立场、追求精神愉悦，但在教育实践中却没有做好。王老师不能自觉意识到自身的教学行为所蕴含的道德价值取向及对受教育者可能产生的道德观念影响，没有自觉合理地选择正确的实践方式，因而导致教育效果不理想。

　　王老师道德反思和内省不足并非个案。现实中，教师作为师德觉醒的主体，其自我反思和内省的主观能动性普遍不足。事实上，每个个体及家庭在受教育的过程中，都希望遇到好老师。由于教育资源的不均衡，教育评价的单一性，很多家长将能提分、能升学的老师称为好老师，对教师重"能"轻"德"，对孩子重"分"轻"心"。部分老师出于职业发展等自身利益因素考虑，为迎合社会评价标准和教育考核机制，强化知识的工具价值而忽略了品德育人的精神价值，逐渐倾向重教轻道、重利轻德，使教学与德育分离。另外，诸多师德规范看似标准化的考核条例使本来复杂动态的师德评价操作不仅缺乏层次性和阶段性，而且越加变得僵化而流于形式，结果导致在升学率和教学成绩的指标压力下，教师内在道德需求自我隐匿，甚至对师德培训心生反感。因此，在社会功利价值观念和缺乏弹性的管理评价体制等环境影响下，教师在师德发展的道路上缺乏内在主动性和积极性，师生个性、情感、道德、生命需求得不到舒展和关注，道德反思和内省严重不足。

理论与应用

◎ 理论导航

　　教师是学生学习知识的指导者，是意志情感的促进者，是价值观念和道德智慧的启迪者，是人生成长的引路人。教师在教学活动中理解、激发、成就学生，同时也成就满足自我需要。教师在满足自我需要时，应兼顾学生需要，读懂学生的情感渴望，从而做出有利于双方的道德选择。这些不仅需要教师的道德认知，更需要其对道德认知的认知，即道德反省。

　　相比政策文件、法律法规等"硬约束"对教师道德智慧提升的规范强化，身边榜样、典型事迹对教师道德智慧的柔性引领更具有震撼力和触动感。因为教师的道德智慧提升更多地来自日常班级管理和教学互动场景中教师自我内在的反思和超越。这是教师教书育人职业本质的必然要求，是教师道德智慧发展的内在需求，也是教师职业道德的本身特点所决定的。

　　一是教师道德智慧的本身特质。"道德智慧是人们基于道德认知，运用道德知识、经验和能力，对自己、他人、社会和自然的关系的道德审视、道德觉解、道德洞见，形成积极道德情感，并对他人、社会、自然给予历史的、未来的多种可能性关系的明智、果敢的判断和选择。"教师的道德智慧是教师在教育教学实践中尊重生命、形成道德认知、传递真善美、丰富道德情感、舒展个性、激活道德反省，在心灵觉醒中实现自我超越的综合能力。教师道德具有爱岗敬业精神、交流合作精神、理性反思精神、人文关怀精神等特征，这些组成了教师的道德境界。教师的道德智慧正是促进教师从功利境界走向道德境界的必要修炼，道德反省是促进教师从道德认知到心灵觉醒的必要路径。

二是教书育人根本任务的要求。教师教书育人的根本任务是立德树人。教师的实践个体是一个个鲜活的生命，这使得教师在实践活动中不能仅满足学生的基本需求，还要立意于帮助学生获得精神上的快感。学生体验到精神快感，反过来促进学生道德品质的生成与发展。这就要求教师在教学实践过程中也要能够体验到精神快感，在遵守公德的基础上形成的内在的运用自如的独特道德智慧体验，然后带着这种体验去引导学生体验。这种体验与外在政策评价规范不同，它产生于具体互动情景中师生之间情感和观念合作交流的实践。它一经省察和确认就会成为教师个体内在的智慧品性，具有相对稳定性。现实生活中常常曝光的某些教师，比如汶川地震中的范跑跑、红黄蓝涉虐童老师、阻挡高铁的女教师等，就是因为把教书育人根本任务所需的道德智慧普通化，没有领悟到"立什么样的德、树什么样的人""怎样立德、怎样树人"的精神实质，缺乏自我内在的道德省察和反思。

三是道德智慧发展的内在需求。道德智慧发展具有阶段性和延展性。在教育教学过程中，教师自我道德智慧的发展会随着时代社会、思想阅历、教学经验、情感丰富而不断在自我否定中调整、梳理、反思、沉淀。其中，核心成分是"道德反省"；经外在规范引发内在触动的"道德反省"，到内在自我审视、反刍的"道德体悟"，从而达到心灵深处信仰观念沉淀、蜕变的"道德觉醒"，实现拥有较高境界的"道德智慧"。有了"道德反省"的教育教学活动，师生交流互动会更加舒适惬意。老师如果在道德体悟之后能够换位思考，平等对话，尊重信任，就更能走入学生内心，发现学生需求，进一步学习、完善、进步、巩固并发展自身专业素质，提高教育教学的针对性、有效性。学生在教师道德觉醒的引领下就会不断反馈给教师良好的课堂效率，真诚的情感交流，体验学习快乐，收获无限乐趣，建立积极的人生态度。在如此良性循环的融洽师生关系之下，教师引导一批批学生养成优秀的道德品质和行为习惯，拥有积极健康的生活态度和正确的价值观念，教师也在实践中提升了专业素质，获得了专业发展，升华了道德智慧。

❀ 行动研修

教师的道德反省意识、心灵觉醒状态并不是与生俱来的，它既需要外在政策规约的倒逼审视、榜样学习的示范引领，更需要良好的外部生态，然后才能在自我内在生命体验、情感需求、价值追寻中，在职业成长过程和教学活动中，不断省察、修正、体悟、再实践而生成。道德智慧的心灵觉醒是作为实践主体的教师领悟职业道德规范并将其内化于心、外化于行的道德修养的蜕变过程。这一过程的蜕变并非易事，它需要通过外在制度的保障和规约引导，通过外部榜样的示范和感化激活，促进教师灵魂深处的自律与反思，实现对道德观念由外而内再由内而外的自我循环、认知、改造来完成。具体而言，在实践中可以从以下三个方面着手。

一、优化外部环境，为教师道德智慧发展提供有利条件

教师是人类灵魂的工程师，对人才培养和社会发展、文明进步起着不可估量的作用。现实生活中，教师工作环境、待遇、身份、地位与社会较高期许严重不匹配。面对应试教育和素质教育的取舍，短期教学考核与学生终生发展的矛盾，教育理想期待与现实地位的差距，外在功利评价环境让诸多教师无奈地向现实妥协，忽视了在自我教育、道德修养方面的目标追求，缺乏对教育事业应有的理想信念和精神动力。因此，国家不仅要在政策文件上给予教育行业特别是教师待遇、身份地位更多的支持，同时在政策落实上也要让教育行业真正与社会较高期许相匹配；细化教师职业道德规范和考核条例，针对不同教龄、学科及教学层次，在师德培训和评价制度上应有不同的侧重

点，使师德发展和评价更具有效性、引导性和可操作性。

重塑社会风气。"一个对教师在物质、精神和政治方面都给予恰当的尊重，一个人人恪尽职守的社会氛围，显然有利于教师形成较高水平的职业良心。"教师教书育人的本质使其职业自带光环，社会充分肯定师德在其职业角色中的重要性和引领性，往往视其为社会道德高地，但也在无形中使人们以理想化和神圣化眼光看待师德，即"教师就应该高尚，就应该比其他职业更加敬业担当，就应该为学生奉献一切"。在这样复杂的现实中，对师德的苛刻要求忽视了教师首先为人的本性，过分强调外界所赋予的高尚性。一旦个别教师言行不检点，不够"道德"，舆论往往对教师整体形象进行否定。全社会、新闻媒体应该用更公平公正、客观全面的心态来看待教师职业，并积极营造健康、有利于教师道德智慧发展的舆论氛围。同时，当下社会对教育中人的全面发展理解较为狭隘，盛行一种功利主义价值观，这对教师身份地位、职业追求、业务能力、师德智慧等评价导向具有很大的负面影响。应积极引导社会舆论对教师道德发展给予宽容、支持的外在环境，重塑尊师重道的社会风气。

创造校园氛围。学校管理和评价模式应更趋人本化，为教师道德智慧发展提供切实物质和精神保障；探索人本化、多层次的师德培训，为教师道德智慧提升提供发展平台；积极创设良好的校园文化氛围和德育养成氛围，为教师实践道德反思提供良好的职业发展空间。比如设置师德教育课程，"通过线上线下课堂、专题讲座、志愿服务、师德楷模进课堂等形式，涵养良好的师德建设氛围，培养教师的职业认同、身份认同、社会责任感和使命感。并充分利用校园网络，开设网上师德教育课堂、主题教育网站、教师互动社区等，发掘师德先进典型，弘扬当代教师风采，大力宣传爱岗敬业、默默奉献和有理想信念、仁爱之心、道德情操、扎实学识的新时代优秀教师形象，形成线上线下师德建设的合力"。

二、叩问信仰初心，强化教师身份认同的责任意识

以初心使命、强化身份认同。帕克曾说，"自身认同是优秀教学之源泉"。

作为道德智慧的主体，人民教师身份认同体现教师反思自我特质和外界赋予的角色，以及在社会所处的位置、行动、目标。教书育人是教师的基本责任，表现在教学知识目标和教学技能方法尽力尽责的实践上，也表现在对学生情感态度价值观教育的有效示范引领上。教师的身份认同促进教师在教学实践中不断反思、调整和完善，使其在职业角色和教学反馈以及师生关系等过程中不断沉淀并输送积极态度与观念，从而对学生道德伦理产生潜移默化的影响，达到立德树人的目的。但日常教学实践中，部分教师并未从内心激发强烈的道德追求，对教学工作缺乏足够的激情，忽视教育与教学的统一、知识与道德的融合而顾此失彼，其本质还是对教师职业初心使命的片面理解或对其内在价值和道德意识缺乏自我省察和身份认同。因此，在教育实践中教师应时常叩问内心选择，明确身份意识，不忘初心、方得始终，以此增强教师身份认同感和职责使命感，巩固教师职业道德自觉反省意识。

以好老师标准强化自我反思。捧着一颗心来，不带半根草去。教师的最大愉悦就是把一群群孩子送往理想的彼岸，但前提是教师自身也应有符合职业身份的道德目标、道德理想、道德动力。习近平总书记曾这样定位"好老师"："好老师应有理想信念，有道德情操，有扎实学识，有仁爱之心。"这不仅要求教师具有师智、师能，更要有师德、师魂。强烈的职业意识和责任使命，忠于教育事业、真心热爱学生、科学严谨治学、言传身教一致、专注立德树人，它们是对教师人格风范和综合素养的专业定位，是对教师在教学实践中深化道德目标、产生道德动力、进行道德智慧反思提升的基本要求。因此，教师在道德智慧反思过程中，应通过道德规范、榜样示范、道德楷模、优秀标准不断强化自我反思意识；坚持在强化自我道德意识、追求自我人格模范的理想和动力中坚守道德叩问和道德审视，不断提高自我职业道德觉悟、增进道德智慧。

以教学相长，增强职责使命。《礼记·学记》曾言："是故学然后知不足，教然后知困。知不足然后能自反也，知困然后能自强也。故曰教学相长也。"教育者道德智慧的养成与修炼"是一个漫长的'反求诸己'的过程，是与自己、学生、课堂、实践、生活、生命不断进行对话和琢磨的过程。人是教育的出发点和归宿，教育者既在育人，更在育己，真正的教育最终要化为人的自我教育。人，只能自己改变自身，并以自身的改变来唤醒他人"。教师在与学生、与他人的学习交流中，思想得以碰撞，灵感得以闪现，情感得以共鸣，其中也不乏反思总结时的情感伦理快感，这些对于强化教师职业信仰初心，确认职责意识具有重要的促进作用。因此，教师应从外在教师身份认同、自觉看齐模范标准，到反思自我教学实践，以此内化为自己的职责使命，并不断在课堂教学、课外实践、师生交流、彼此需求的反思体悟中，促进道德觉醒，提升道德智慧。

三、切身践行自律，丰富教师道德智慧的自我修炼

《礼记·中庸》中说："道也者，不可须臾离也。可离，非道也。是故，君子戒慎乎其所不睹，恐惧乎其所不闻。莫见乎隐，莫显乎微，故君子慎其独也。"慎独并不仅是高尚伦理道德的标志，也是一条自我内省反思、实现道德觉悟的重要渠道，是提升道德智慧的重要方式。时刻检点自己的言行，时刻省察体悟自己的内心，即使一个人独处时也要谨言慎行，这是教师在教育实践中修炼道德智慧的基本方式。

以切身践行自律，修炼道德智慧。东汉杨震"天知，神知，我知，子知"，暮夜却金的廉洁自律；元初许衡"梨无主，吾心独无主乎"，不食无主之梨的道德坚守；当代独守空岛的王继才和守候诺言的陈俊贵都在切身践行着道德自律。自律是一种自觉行为，是一种内省智慧，更是一种道德追求。道德自律是道德主体根据自我内在道德品质，约束自己言行并使其符合内在道德标准的道德实践活动。为人师表的教师，除了遵守社会公德、职业道德、家庭美德、社会规范外，还应该在此基础上提升自我道德准则认知，注重道德修养实践，以较高的自我道德标准和道德自律意识要求自己；自觉遵守道德规范并有意识地将自己的言行举止纳入道德规范中去，自觉监督自己的行为并逐渐内化为道德品质，修炼道德智慧，达到"从心所欲不逾矩"的道德境界。

以生活阅读体验，提升道德境界。一花一世界，一叶一菩提。大千世界，

人情世态，酸甜苦辣、炎凉冷暖，应三省吾身，恪守良知，在感悟生命真谛、体悟生活美好的过程中不断丰富自我道德实践智慧，不断提升自我道德修养。可以从经典理论中去寻找对生命情感的深刻体悟和对社会人生的深切观照，并将个体置于社会发展洪流中去思考生命价值和意义；可以从日常生活中进行修炼和完善，随时记下教育实践中的精彩瞬间，努力追求慎独的修养境界，使自己的信仰追求、实践标准时时符合君子之道，并在反思感悟中体验读懂职业、读懂学生、读懂生活，读懂自我道德灵魂、读懂教书育人本质，拥有不断超越自我，趋向至真至善至美的道德修养境界。

以职业价值幸福，促使反思不已。教师职业价值是教师在职业发展阶段不断加强自身道德建设，提升道德修养和美德感悟中获得的。这一过程是教师不断在道德修养实践中适应社会准则，自觉意识到社会义务和责任的存在而内化规范的反思行为。教师根据内外兼修的道德立场做出选择，遵从自己内心对教育行业价值体验做出表率、完善人格魅力去感染学生，从而促进受教育者身心健康发展，成就自我职业价值。教师在此基础上会不断追求更高的道德修养，激发内在人格尊严，提升教师生命价值体验，增进职业幸福感。同时，教师职业幸福感会不断确认并实现教师主体的自身价值，使教师焕发出强烈职业伦理认同，更加坚守自我反思，不断地强化自我审视，促使自我道德智慧反思、体悟、觉醒不断由外而内再由内而外的自我循环认知、改造、提升。

第四节　实践过程中的历练提升

问题与分析

🌱 问题直击

入职三年的张老师一直担任班主任。他工作努力，认真负责，对学生要求严格，教育教学质量名列前茅。

新学期开学之际，王老师特意提醒学生注意穿着打扮问题。虽说"穿衣戴帽，各有所好"，可在王老师眼里，衣着外貌不能不当一回事。衣着外貌，从学生个体角度来看，反映一个学生的生活习惯和思想动态；从班级集体来看，关乎班级整体班风学风。由于假期时间较长，家长们忙于工作，孩子们疏于管教，孩子们的精神状态更多地表现在神情外貌和衣着打扮上。这不，报到时，很多男学生头发较长，染烫明显，状态散漫，所以王老师强调发型问题是有原因的。

于是，王老师再次提醒这部分同学按照《中学生日常行为规范》的要求，将头发剪短。次日，班里的苏同学还是留着长长的中分头。放学时，王老师把苏同学喊到办公室："老师给全班同学提的发型要求你知道吗？""知道。"苏同学低声答道。"你既然知道为什么还没有理发？"王老师明显有些不耐烦。"家里不让理，我也没办法。"学生很理直气壮地回道。

就这样，师生对话的火药味越来越浓。最后，王老师一气之下，从抽屉顺手拿出一把剪刀。"那就由我来帮你理吧！"话落手到，苏同学中间的一绺头发就被剪下来了。苏同学一边反抗着，一边后退说："好，好，我去理发店理，行了吧！"说完，跑出了办公室。

苏同学回到家的时候，他的父亲正在喝酒，看见儿子捂着头走进来，以为儿子又在外面打架，惹是生非，便大声喝问。当听完儿子讲述后，借着几分酒力，苏同学的父亲怒气冲冲地跑到学校找王老师兴师问罪。他见到王老师便破口大骂，在场的老师都为之侧目。大家纷纷上前劝解，可是家长不听劝告，反而有恃无恐。为了化解矛盾，学校年级组长便把家长和教师带到了校长室。

经过多方面长时间调解，家长苏某身上的酒气也慢慢淡去，苏某意识到了自己的错误，向王老师赔礼道歉；王老师也为自己的鲁莽行事向家长、学生道歉。经过此次教训，王老师不断对自己的管理方式进行反思，并在以后的教学管理过程中更加注重学生感受和教育方法，这样的事情再也没有发生过。

🦋 问题诊断

这件事情中，教师和家长都有不妥之处。苏父见到王老师后，借着酒劲，不由分说，便破口大骂，侮辱了教师人格，违反了《中华人民共和国教师法》第三十五条的规定："侮辱、殴打教师的，根据不同情况，分别给予行政处分或者行政处罚；造成损害的，责令赔偿损失；情节严重，构成犯罪的，依法追究刑事责任。"鉴于苏父的情节不是特别严重，且经调解，双方达成了相互谅解，学校对苏父可以不予追究，但苏父鲁莽的行为可能会给孩子的思想言行带来一定负面影响，其鲁莽行为所折射的简单的家庭育人方式对孩子的成长也不利。除教师在日常教学常规中需要谨言慎行、注意方式方法外，家长也需要注意教育孩子的方式，营造良好的家庭氛围。这样才能形成教育的合力，取得最佳育人效果。

王老师虽然尽职尽责，对学生严格要求，但是没有选择恰当的方式去解决问题，没有尊重学生的人格，缺乏道德智慧去思考问题、解决问题，从而导致后来的矛盾激化。对照《中华人民共和国教师法》第八条的规定"关心、爱护全体学生，尊重学生人格"和《未成年人保护法》第三章的规定"学校、幼儿园的教职员应当尊重未成年人的人格尊严，不得对未成年学生和儿童实施体罚、变相体罚或者其他侮辱人格尊严的行为"，王老师也有违法之嫌。由于家长谅解，学生醒悟，王老师认识错误并向家长、学生道歉，学校可以给予王老师谈话警告。

　　事实上，为进一步规范广大教师的职业道德行为，加强师德师风建设，2018 年教育部印发并实施了《新时代中小学教师职业行为十项准则》，2019 年教育部等七部门联合印发了《关于加强和改进新时代师德师风建设的意见》。《关于加强和改进新时代师德师风建设的意见》强调把师德师风作为评价教师队伍素质的第一标准，突出规则立德，强化教师的法治和纪律教育。重新修订的《中华人民共和国教师法》着重强调，将法治教育纳入各级各类教师培训体系，强化纪律建设，健全德育评价机制，开展系统化、常态化宣传教育，引导广大教师时刻自重、自省、自警、自励，坚守师德底线，将师德师风建设落到实处。教师要了解教师法和教育法等基本法律法规，用法律法规来约束和规范自己的教育实践行为，同时将此作为维护自己合法权利的手段。

　　案例中的王老师处理问题缺乏法律意识和道德觉察，处理问题的道德实践智慧不足。经此一事，王老师需要结合自己的日常管理方式就师德师风进行深刻反省，学习相关师德政策文件和相关法律条文，在日常教育实践中体认参悟，不断提升自身的道德认知，增强道德能力，丰富道德智慧。主管部门及学校也应强化教师队伍的师德师风建设，通过实践并在实践过程中指导教师的道德实践，在恪守职业道德，关心、爱护全体学生，尊重学生人格基础上，选择恰当的方式处理问题，帮助教师锤炼道德智慧。

理论与应用

◎ 理论导航

　　道德智慧是人们运用道德知识、经验和能力对自己和他人、社会、自然关系的积极的道德审视，它以道德知识、道德心理为基础，以道德能力为核心，是"德识""德心""德力"的有机统一。

　　具体表现为理论理性智慧和实践理性智慧，在理论和实践的交互历练中不断提升。

一、道德智慧指向人的道德能力，具有实践性和创造性

教师的道德智慧是教师通过在具体道德情景中的践行，不断积累沉淀为道德能力。教师道德能力是一种综合实践能力，它不仅指教师对道德在知识层面的理解，也是教师在实践中运用道德理解，按照相应价值取向，采取恰当的行为方式来处理道德问题的能力。较高的道德能力不是与生俱来的，作为教师，应珍惜每一次道德实践，并从中反思体悟，强化提升自我道德能力。实践中，随着道德能力的培养和加强，教师道德实践会在更高一层开展，更高层次的道德实践也会促进道德能力的进一步提高。二者互为基础，相互促进，螺旋上升。

不同教师处理问题的视角和方法是不同的。在面临实践问题时，教师在道德实践智慧积累上程度不一样，其产生的想法、思路以及与之相应的实践能力就有所差别，表现出所发挥的创造性的差异。教师在问题的方法与策略中发挥创造性，基于正确的道德认知进行恰当的道德选择，教师的道德实践能力才得以更好提升，教师道德智慧才得以真实生成。

二、道德智慧指向人的自我发展，具有目标性和选择性

尽管道德是客观伦理的主观表达，表现为道德法则，但是道德法则的探求和选择却依赖人自身发展的需要。人作为群居性物种，为了融入社会、实现人的可持续发展，吸取和修炼利于自身发展的部分，表现出目标性和选择性。这使得追求道德修养的过程以及道德活动本身能带给人发展的快乐，这种发展快乐又能促使人们在情景实践中不断探索道德智慧。除通过养成良好工作习惯、培养积极生活方式外，教师更应该注重通过教育问题的解决，科学利用道德智慧的目标性和选择性，推动道德智慧生成。

道德智慧源于道德实践，教师应通过道德实践形成道德发展的自觉意识，融入自我发展的过程中来，在自我发展的系统中把握道德智慧的本质，形成自我道德智慧体系。当形成了自我道德智慧体系，教师在面临道德实践问题

时便不再手足无措，而是从容淡定、积极主动地去处理教育问题，并从中获得自我的可持续发展。教师应有意识地构建自我道德智慧体系，在德育实践中有目标、有选择地积累沉淀和提高强化道德情感、道德认知、道德能力、道德智慧，不断激发自我发展的内在动力。

三、道德智慧指向人的自我实现，具有主体性、自觉性

在遇到实践中的各种具体问题时，教师为了实现自我价值，会主动地发挥道德智慧，多角度思考解决问题。通过积极主动地对道德规范、价值观念和社会现象进行独立思考，教师会自觉做出高尚道德行为，并在分析理解的基础上构建道德的实践意义，建立主体道德实践体系，从而使道德智慧与具体情景相融合，更好地自我实现。

✿ 行动研修

培养教师道德智慧是一个不断历练和完善的过程，不仅体现在具体的道德问题情境中，同时也渗透到教师日常教育教学的各个环节中，蕴含在教育教学的方方面面。如果脱离具体的教书育人实践，教师的道德智慧将难以施展和提升。

"教师是人类灵魂的工程师，是人类文明的传承者"，"教师的工作是塑造灵魂、塑造生命、塑造人的工作"，体现的就是教师的道德智慧。教师道德智慧的历练，主要表现在道德评价、道德选择、情境体验等方面的历练和完善。

教师一方面要结合具体的育人实践，通过政策法规的学习和典型榜样的感化逐步提升自身的道德认知，建立道德评价的标准；一方面要不断积累道德实践中的反省体验，锻炼道德选择能力。

一、道德评价能力的历练、提升

道德评价贯穿道德认知发展的始终。它是人们运用已有的道德观念、标准对道德行为进行评判的过程。进行道德评价可以帮助人们巩固与扩大道德经验，加深对道德意义的理解，在获得理论理性智慧的同时，把道德知识变

成个人行动的自觉力量。

道德评价能力的发展一般经历从他律到自律、从外在到内在、从他人到自己、从片面到全面的过程。教师在教育教学过程中，对道德现象进行褒贬，谴责不道德的思想行为，使本人意识到言行的不良影响，从而引起自疚、悔改之意；加强好的思想和行为的宣传，为学生树立模范榜样，进一步激励学生的道德意识和行为。教师本人在这一过程中，将自身的实际情况与对学生的道德评价相对照，有助于道德认知的深化和道德信念的形成，对自身的道德行为也有积极的强化。

二、道德选择能力的历练提升

道德选择是指个人或团体在一定目的和道德意识支配下，对某种道德行为所做的自觉抉择，是道德意识活动的一种重要形式。教师在培养学生道德选择能力的同时发展自己的道德选择能力。

一是教育活动要精选教育主题。教育主题应围绕社会现实和学生发展需求，改变传统千篇一律的道德教育方式，研究未成年人道德培养的内容，关注未成年人议论的热点话题等。比如学生学习压力问题以及怎样处理与其他伙伴之间的冲突问题等。这些教育主题，教师除自身需要研究和修炼外，也应该在日常道德教育活动中帮助学生去认识和掌握，创造师生共同关切的主题，实现共同成长。

二是道德教育要以社会为背景。把社会环境作为青少年学习的大课堂，针对青少年面对社会多元化资讯的所思所想进行有针对性的训练提升。同时教师在日常生活中，还要敢于面对社会道德领域中新的挑战，随社会发展不断给道德提出新的问题，在师生的共同聚焦和探讨中历练道德选择能力。

三、体验真实的生活情境

道德智慧来源于人的生活世界，是人们从生活实践中体验、感悟而来的实践智慧，它体现在人对生活中具体道德实践情境的感知、选择和行动中。

校园中，培养道德智慧最重要的方法是组织和开展道德实践活动，创建极具感染力和真实的道德情境，来强化师生共同道德智慧的亲身体验。

道德智慧的养成不能离开道德实践。当前我国的道德教育重点在道德认知和道德规范上，缺少在真实生活情境中知行合一的道德实践体验。学校应注重社会实践与课堂教学相结合，让师生在日常生活实践中把外在的规范内化，把内在的德行外化，师生共同获得道德体验。在此过程中，师生的意志品质、思维能力、道德情感随着道德实践不断深入而得以发展，其道德评价能力、选择能力不断提升，师生的道德智慧被激发，获得升华和提升。

总之，教师的道德智慧在有意识地、灵活机智地解决问题的实践中历练和提升。这需要教师不断地通过实践去体验和思考，并在实践中不断地摸索总结，提升自身的道德修养，生成自身的道德智慧。

第三章

历练成长：班主任道德智慧的现实铺陈

第一节 沟通交流

问题与分析

问题直击

案例 1

下课后，英语任课老师陈老师向班主任刘老师告状说："刚才一节自习课，陈同学偷着看小说看了一节课，还和邻桌任同学互相传书，一点学习的积极性也没有，之前课上还走神、睡觉，这样下去成绩又要下滑了。"刘老师很着急，马上找到陈同学批评他："英语老师说你上自习课时看小说，还和邻桌传书，违犯纪律，不认真学习，既影响自己的学习，也影响他人的学习。书我没收了，我看你在这个位置上也是坐够了，要是再影响别人，你就去教室最后一排，自己一个人坐一桌。"陈同学是一名基础还不错的学生，只是期中考试以后，成绩下滑很多。班主任很着急，觉得好好一个学生这样堕落下去很可惜。班主任给陈同学的家长打电话，反映了他这段时间的各种不良表现。家长听到后也很气愤，说孩子小学时明明很乖的，怎么上了初中住宿之后这么不让人省心，"等他回来我好好收拾他"。

书没收后，陈同学的邻桌任同学来找刘老师，说被没收的那本书是他的，想要把书要回来。但是刘老师觉得，上课传东西的行为影响别人学习，而且传的书是与学习无关的玄幻小说，这种行为是不能姑息的。刘老师批评了任同学，玄幻小说本来就不能带到学校里来，书不能还。任同学很生气，觉得书是同学要借所以才带来学校的，因为他不仅自己被批评了，书还被没收了，要和陈同学绝交。

之后陈同学上英语课总是不开心，他很生英语老师的气——竟然向班主任告状，让他被训，还和同学闹矛盾，回家还被妈妈骂，英语老师够"狠"。

案例 2

还是英语课上，周同学和李同学聊得热火朝天，小动作不断。英语老师提示了几遍之后，他们依然我行我素。英语老师很恼火，下课后向班主任反映了这个情况。班主任张老师并没有立即找这两位同学"算账"，而是在课间的时候走到两个同学身旁，说："英语老师今天还跟我表扬你们俩呢，说你们上课很积极，怎么我在后门看不是这么回事呢，我看到你们俩可是在交头接耳。我知道你们俩是好朋友，但是朋友之间是要相互促进、共同进步的，而不是一起在课堂上聊天，然后一起退步啊。"两位同学听到后羞愧得低下了头。

后来，班主任也没有就这件事找两位同学的家长，而是在随后期中考试前的一次家访中，同英语老师一起去其中一位同学的家里家访了。他们一起向家长反映了孩子在学校的学习状态，表示老师们很关注孩子在学校的表现，让孩子知道，自己在英语学习上有什么困难，都可以及时和英语老师沟通，但是上课要集中注意力，认真听讲。同时，老师也向家长了解了孩子平时在家的状态，得知学生是一个很勤快很贴心的孩子。家访过后，家长更愿意主动了解孩子的上课情况了，同时孩子的学习积极性也有明显提高，课上交头接耳的情况也减少了。

🦋 问题诊断

班主任容易在长期的管理工作中出现工作习惯简单化、缺乏沟通技巧方法、沟通交流滞后的问题，也容易出现教师对学生多元化发展缺乏正确态度，由此产生沟通效果不佳的情况。

案例 1 中，班主任刘老师听到任课老师的反映之后，立刻把这种反映原封不动地"反馈"给学生，又把学生的不良表现同时反馈给家长，导致学生和任课教师之间产生矛盾，和家长之间、同学之间关系闹僵，让学生产生了任课老师"告黑状"的感觉。其实，任课教师向班主任反馈学生的上课情况无非是因为想让班主任对班级情况和学生情况有全方位的了解，由此对班级管理工作做出调整。如果任课教师能够及时将学生问题反馈给班主任，而不是一次性把积攒的"种种问题"都反馈给班主任，那么班主任也不会因为突然出现的问题而产生焦虑感。班主任立即找学生谈话、找家长告状也是因为过于担心孩子上课表现不好，成绩继续下滑，希望能和家长沟通，让家长了解孩子的情况，让学生再调皮时有所忌惮。不过班主任直接批评学生会让学生与任课教师产生情感裂痕。另外，班主任并没有及时把问题反馈给家长，而是一次性反映所有积攒的问题，家长不能实时把握学生在校的学习状态，听到这么多问题反馈必然也会急躁，这些都反映出沟通滞后所带来的问题。

案例1中班主任与家长沟通时，沟通内容过于单一化、片面化，只反映学生存在的"不良问题"，没有对学生的优点给予肯定，没有呈现一个"立体化的人"，结果造成家长对学生也产生了片面认识。一方面家长可能不会认同，另一方面家长如果认同也会导致对孩子缺乏正确而全面的认识，加深学生与家长之间的矛盾。

案例1中班主任对学生的"堕落"很着急，但是班主任习惯于说教、以理服人，习惯于讲大道理，却容易忽视学生活泼、好动、好奇心强的特点。直接找学生来批评显然是比较冲动的行为，忽视了这种行为对同学之间关系、学生与家长之间关系、学生与任课教师之间关系带来的不良后果。教师对于通过实际行动来提升学生认识、强化学生情感的作用认识不够，担心进行实践活动牵涉精力多，影响正常的教学秩序，因而班主任批评学生比较多，而用行动潜移默化地感染学生做得不够。

班主任没有站在学生的立场上来思考问题与处理问题。大多场景下，教师给予指令而非商量，给予批评而非表扬，要求学生配合多于征求学生意见，对学生的要求高于学生的指望，这些行为在一定程度上会引起学生的逆反情绪。许多学生对班主任的批评表示不服气、拒绝，这样不仅影响了师生关系，还影响班级工作的正常开展。

而案例2中，同样是对扰乱课堂行为的处理，其方式就透露出班主任道德智慧。班主任与学生交流时，隐藏了任课教师"告状"的事实，让学生知道问题是班主任自己发现的，这样可以避免学生同任课教师产生矛盾。班主任与学生交流时首先对学生的行为表示理解，表示"知道他们是好朋友，关系要好",其次向学生讲解了什么是好的友情。班主任对学生更多的是引导，而没有单纯地指责。学生得到了理解，也意识到自己课堂行为不当，因此才会感到羞愧。

班主任与家长沟通时，更没有单方面的"告状"，而是对双方的信息进行了互换。一方面，把学生在学校的表现客观描述给家长，挖掘优点，提出缺点，让家长知道老师对学生的关注和关心；另一方面，老师也能从家长的描述中全面了解学生，更能了解到学生生活中的一面，有助于因材施教。如果只是一味地控诉孩子的缺点，家长也会抗拒和老师沟通。这样一来，家长会更愿意和老师交流孩子的学习情况，参与教育的热情会极大增加。因此，除却打电话、叫家长来办公室外，家访也是一种很好的沟通方式。此外，班主任与任课教师的相处模式也是一种合作模式。当孩子在课堂上产生不良行为时，班主任能够与任课老师共同发现问题，同时创造机会解决问题。

理论与应用

◎ 理论导航

一、教师智慧沟通的内涵

有效沟通中沟通源自英文 communication，字源为拉丁文 *communis*，意思是共同的（common），即分享讯息、理念或态度，与其他人建立共识（commonness）。在《现代汉语词典》中，对"沟通"的解释是："沟通，指使两方能够连通。"我们发现无论在中文还是英文中，沟通的重要内核都是信息的交流。关于沟通的定义，目前普遍为人们所接受有以下几种类型：（1）共享说，侧重说明沟通是双方信息的共享；（2）交流说，强调沟通是有来有往的双向的互动；（3）影响（劝服）说，强调沟通是一种一方对另一方施加影响的行为；（4）符号说，强调沟通是符号（或信息）的流动。从以上定义中，我们能够找出这些定义的相通之处：沟通具备联络、通信、交往、交流的特征，其目的是达成沟通者双方之间的相互理解、相互认可。

李威德（H. J. Leavitt）认为，发生在班级团体成员之间的交互作用也可以被称为沟通（communication）。中小学学生的三观是在身心发育的生长期逐渐形成的。他们获得信息的渠道主要为学校、家庭与社会三方。在学校里，教师，特别是班主任与学生相处时间最长，沟通交流最多，因此对学生产生的影响也最大。因此，在工作中，教师所发出的交流信息能否被学生、家长等准确接收，学生能否以积极的态度和行为对教师指令进行回应，以及家长能否愿意配合与采纳教师的建议，都与教师的影响力、感染力、教育力有关，也取决于教师的道德智慧。教师的道德智慧在于教师能否通过一定的智慧在双方之间建立起那种相互认可、彼此信任的关系。这要求教师能够擅长建立亲善关系，促进学生与家长的信任，培养学生的合作能力以及劝说与矛盾调节的能力等，这些内容本身的实现需要教师具备一定的道德智慧。

德育的最高层次，是师生精神的相遇。学生道德意识的增长，闪烁着教师智慧的光芒。因此，教师工作中的智慧沟通，指的是教师借助一定的道德智慧，能够充分表达对某一信息的看法，与沟通对象能够达成相互理解、相互认可的过程。教师通过智慧沟通产生一定的效果，并使双方达成相同的认识，从而在情感中引发共鸣，思想上升华，道德意识得到增长，最终达到其他手段所不能达到的效果。

二、教师智慧沟通的要素

智慧沟通过程由各种要素组成：发送者与接受者、信息、符号、渠道、噪声、反馈以及环境。

（1）发送者与接收者是指沟通双方信息的分享不是一种单向过程，而是双向的过程。即：人们在交流过程中，总有一个人表达语言、思想或者情感，而另一个人接收，然后相同的过程再进行逆转。因此，在道德智慧沟通中，教师要注意沟通是双向的、可逆的，也就是沟通双方平等的，绝不是一味地要对方接受自己的信息。

（2）信息（message）指的是发送者与接收者分享的思想和情感。智慧沟通中，教师要找到能够与沟通对象产生共鸣的思想与情感，如班主任教师应该充分表达对学生的理解，对家长的尊重，与同事教师积极合作的意愿。

（3）符号（symbol）是表示其他事物的某种方式。沟通信号由两种符号组成：语言符号和非语言符号。语言符号（verbal symbol）指的是每一个词都代表着特定事物或思想。语言符号包括具体符号（concrete symbol）和抽象符号（abstract symbol）。语言的具体符号代表着一件物品，而语言的抽象符号却比较复杂，常用来表达思想等抽象概念。非语言符号（nonverbal symbol）即不使用语言进行沟通，但使用面部表情、肢体动作等方式来表达自己的方式。智慧沟通中，教师可以使用多元化手段，如语言手段与非语言手段相结合进行沟通。

（4）渠道（channel）指的是信息的传递途径，是信息传递从发送者到接收者的一种方式。如果我们进行面对面交流，信息主要的传播途径是听觉和视觉，也就是通过听取和观察进行沟通。在智慧沟通中，教师应该尽力采取多种渠道进行沟通，如可以通过实践活动，让学生真听、真看、真感受。

（5）噪声（noise）指的是影响信息接收者正确理解或者信息传达者准确表达的因素。它一般以三种形式阻挡在信息的发送者和接受者之间：外部噪声、内部噪声、语义噪声。具体来说，外部噪声指的是沟通环境中对沟通双方产生影响的物理干扰。内部噪声来自沟通双方自身，指的是在信息的传递者或者接受者的脑海中，出现了非沟通信息的想法。语义噪声指的是由于不同人对相同语句有不同的情感体验，因此产生不同的理解。不过它与内外部噪声一样，是干扰信息传递和接受的因素之一。教师的智慧沟通在于教师通过道德智慧有意识地减少沟通过程中的噪声，如：寻找合适的场所减少外部噪声；调节自身心理状态，了解学生心理状况与想法，减少内部噪声；字斟句酌，减少语义噪声。

（6）反馈（feedback）是指信息发送者与接受者互相反应。比如，你吟诵一句诗，我侧目倾听，这就是一种反馈；你点评这段诗句后，我也回应相关的点评，这也是反馈。通过反馈，沟通双方能确定自己想要表达的含义和情感是否达到了效果。因此，在智慧沟通中，确认对方是否正确理解了自己所表达的意思和情感十分重要。师生之间，尤其是在教育学生的过程中，面对面的交流沟通方式占大多数。在这种沟通的环境中，我们可以通过学生的眼神、动作、话语来判断学生的反应。

（7）环境，即沟通发生的场所。环境对沟通的影响也十分重要。正式的环境适合于正式的沟通。教师道德智慧沟通的体现在于正确沟通场所的选择。例如，教师批评学生，如果在大庭广众之下严厉批评，那么学生会觉得极其伤自尊，可能产生抵触心理、逆反心理。而教师如果能找一个相对独立的小空间与学生谈话，学生的自尊心便得到了保护。

当了解了智慧沟通的过程后，沟通发挥作用或不发挥作用的原因也能逐渐明晰。如果信息没有按照事先预定的方式发送、传递和接受时，我们可以分析沟通过程的各个因素，从而找出问题所在。

三、教师智慧沟通的标准

斯科特·卡特利普（Scott M. Cutlip）和阿伦·森特（Allen H. Center）是美国著名公共关系专家，他们的代表作《有效的公共关系》被称为"公关圣经"。在此书中，他们提出了有效沟通的"7C原则"。结合有效沟通的这些原则，我们可以总结出教师道德智慧沟通的标准与原则。

（1）Credibility：可信赖性，即信息接收者要信赖信息传递者。也就是说，智慧沟通中，班主任教师作为信息的传递者，需要为信息接收者所信赖，这要求班主任教师自身具备一定的公信力、道德影响力以及过硬的专业能力。

（2）Context：一致性，又被称为情境架构。它指的是信息在传递过程中应该与各种环境条件保持一致，比如社会、思想、时间环境等等。因此，在智慧沟通中，传递的信息应该与社会主流价值观相一致，应该与时俱进。如果教师传递的信息停留在过去的年代或者违背社会主流价值观，那么就可能出现两种结果：一则信息接收者可能无法理解，二则可能无法为信息接收者所接受。

（3）Content：可接受性，指的是信息发送者所传递的信息是符合接受者需要的，这样才能让接受者主动接受信息。在教师道德智慧沟通中，班主任教师所传达的信息应该是能被信息接收者接受的。即不能偏离主题，传达的信息不能让沟通对象感觉是多余的、无用的、不符合需要的，不能让信息接受者忽略信息重要性的主次。例如，如果一个初中班主任开家长会，一直讲他如何教育自己 5 岁的儿子，家长可能觉得这些信息并不是自己所需要的。

（4）Clarity：明确性，指的是在进行信息传递时，应该尽力使用简单易懂的方法与技巧，让接受者更容易接受。在教师道德智慧沟通中，要避免沟通内容冗杂，尽量主题明确，且沟通语言要通俗易懂，信息表述也要"因人而异"。

（5）Channels：指的是信息传递途径是多样的。因此，针对不同的接受者应该采用不同的信息传递途径，从而达到预期目的。在教师道德智慧沟通中，教师要意识到沟通途径的多样性，谈话沟通是很普遍的沟通形式。面对不同的沟通对象，教师也可以采用信件或者 QQ、微信、家访等方式多方位、多渠道与沟通对象进行交流。

（6）Continuity and consistency：信息传递具有不间断性和连续性。由于交流沟通并不是处于同一个阶段，要想达到预期的效果，就需要对信息进行不间断的传递。在这一过程中，应适时添加新的传递内容。这是一个不断连续的过程。教师的道德智慧沟通要求教师针对某一沟通内容，持续不断地关注、输入，强化上一次的沟通效果。班主任教师的德育工作不能指望一蹴而就，而是应渗透在平时日常的工作细节中，小到与学生课间的闲聊，课堂上的情感渗透，大到班会上的专题教育。班主任与家长的沟通也是如此，对学生情况的反映要想不片面化，就要对学生一段时间的状态进行动态反馈，这样呈现的信息才是动态的。此外，班主任与任课教师的沟通同样需要连续性才能传达出一个教育团队的核心精神、努力方向，才能创造出一个教育团队的核心凝聚力。

（7）Capability of audience：信息接收者的接受能力有差异性。因此，在进行信息传递时，要充分考虑到接受者的注意力、行动力、接受力等各种能力。教师道德智慧沟通需要以此为参考，采取一些有效的、具有针对性的传递方法，让接受者能够在最大范围内接受信息。

上述这些沟通原则，对于教师的智慧沟通起到了重要的指导意义，也为教师工作中的智慧沟通提供了方向。

❀ **行动研修**

　　良好而有效的沟通是高效高质量进行教学、完成教学工作的基础和保障。无效的沟通既浪费时间和情感，又达不到预期效果；有效的沟通就像润滑剂，让教师教学管理工作平稳顺利。那么，如何与学生、家长、任课教师开展有效的沟通呢？老师们可以试着从以下几个方面找到自己的工作思路。

　　一、教师与学生沟通时，应具有同理心，学会积极聆听，有恰当的非语言沟通技巧，并关注学生反应

　　（一）具有同理心

　　同理心对于教师而言，是指教师要从学生的角度，设身处地地理解学生的内心感受及内心世界，并同时要把这种理解传达给学生。这就意味着教师与学生的地位是平等的。在沟通过程中，教师要放弃自身的主观评价标准，尝试以学生的参照标准来看待事物，使自己能从学生的处境和思维角度来体察学生的思想行为，了解学生的独特感受；即使有不认同感出现时，双方的地位依然平等，没有高下之分，彼此不一定要完全认同。

　　以与学生沟通为例，《当代班级管理引论》中就提到班主任应做到以下几个方面：教师对学生自行解决问题的能力，应有很深的信任感。教师从自己的内心深处相信学生可以解决自己的问题，就会在无形中给予学生信心和勇气，并带来积极的结果。若是学生一时找不到解决问题的方法，导致谈话没有实质性的进展，教师对这个过程仍然要有信心，因为基于这一立场有利于学生加速发现解决问题的办法。尽管这一过程可能要经历一段时间，甚至需要相当长的时间。

　　教师在同理感受的过程中应发自内心地接受学生所表现出来的情感，不管这种情感如何，甚至有的时候可能与教师心目中的评价标准不尽相符。在学生毫无掩饰地袒露自己的感受时，他往往就无形中摆脱了这一份情感的困惑或一种难解的心理。教师内心应该明白，情感往往是十分短暂的，教师对学生同理心的感受和回应，会帮助学生从这一片刻的感受转移到另一个片刻，有助于化解和消融学生的消极情感。教师必须发自内心地与学生交流思想、交换对问题的不同看法，帮助学生厘清困惑，并为此安排时间帮助学生解决问题。

当然，教师在对学生的烦恼感同身受的同时，应该与学生保持适当的距离。换言之，教师对学生的烦恼要有及时的觉察与深刻的感受，但又不能让它们变成自己的烦恼，甚至让这些烦恼影响到自己的学习、工作与生活。学生往往不会直言不讳地说出他内心深处隐藏的真正的问题，教师同理心的回应是为了帮助学生从表层问题渐渐深入到症结性的关键问题。也就是说，教师不能简单地停留在同理心的回应上，还必须在聆听的同时，思考在同理心的基础上如何引导学生说出能够更多地了解问题症结的隐情。

（二）学会积极倾听

倾听，是心与心的交流，是有效沟通的起点，应该是一个双向交流的过程。如果倾听过程中表现出积极的倾听他人的意愿，就能捕捉到很多可能被忽略的东西。积极的倾听行为能让双方产生信任感和亲和力，缓解人际关系压力，赢得忠诚和尊敬，促进良好师生关系的建立与发展。但是如果在教育教学工作中教师过早、过多地评论，就会无形中给学生造成一种心理压力，使学生无法继续表达自己的真实想法，从而导致沟通中断。此外，有些学生由于受表达能力等其他因素的影响，学生传递的信息可能不准确，或者学生因为某些原因刻意隐藏其真实想法。因此，在沟通过程中，教师只有善于积极倾听，才能正确理解学生所传递的正确信息，才能了解其内心世界，才能做到有的放矢。

倾听可分为三个层次。从第一层次到第三层次，就是沟通能力、交流效率不断提升的过程，也是沟通越来越有效果的体现。第一层次的倾听，听者完全没有注意说话人所说的话，假装在听，其实内心在考虑其他毫无关联的事情，或内心想着辩驳，他更感兴趣的不是听而是说。这一层次的倾听，是不可能达到有效沟通的目的的。第二个层次的倾听，是听者假装在倾听。听者是听了，但主要听字词和内容，会忽视讲话者的语调、身体姿势、手势、脸部表情、眼神等所要表达的意思，因此容易产生某种误会。第三个层次的倾听，是听者专心而有效地倾听。听者明白，倾听是除了"听"的动作之外，还有明确的目的指向，需要经过意义转译、选择、评价等一系列复杂的过程，不断地获取信息、做出判断和信息反馈，需要主动参与和持续高度集中注意力。同时，倾听的内容不仅仅局限于声音，还包含肢体语言和面部表情等。因此，倾听是通过听觉、视觉接收和理解对方思想、信息和情感的过程。同时，听者也明白，倾听的核心是思考，是互动，是感悟。在倾听的过程中，需要不断地进行观察、辨别、判断、选择，需要在最短的时间内，甚至在瞬间做出决定，或是肯定的评论，或是由此展开的讨论，等等。这一层次的倾听，是班主任在实际工作中进行有效沟通所必须达到的层次，是进行有效沟通的最高境界。

（三）有恰当的非语言沟通技巧

经实践验证的中小学班主任有效沟通的一个公式是：沟通＝55％外观形象和肢体语言＋38％语气语调＋7％语言内容。很明显，非语言讯息所占的比重是非常大的。我们在生活中也不难发现，人们往往由于没能觉察非语言讯息传递的方式，以致常常出现"言者无心，听者有意"的误解，再加上没有及时澄清，结果就会影响甚至破坏双方之间的人际关系。我们可以想象一下：如果一个人面无表情、声调平稳地说"你真好"，我们能准确判断他的真实情感与态度吗？但是，如果说这句话的时候加上不同的非语言表达，那这句话就会被演绎得非常明确，而且可以意思各异。第一种，柳眉倒竖、声色俱厉；第二种，面带微笑、语调轻松；第三种，羞羞答答、语气娇嗔。很明显，那句话没有变，但传递了完全不同的意思。魏书生老师曾说过，教师应具备进入学生心灵的本领，走入学生的心灵世界中去，才会发现那是一个广阔而又迷人的新天地，许多百思不得其解的教育难题都会在那里找到答案。

因此，班主任只有掌握一定的非语言沟通技巧，才能在与学生或家长的沟通交流中起到事半功倍的效果。

在非语言沟通技巧中，首先要拥有合适的外观形象和肢体语言。外观形象主要有面部表情、穿着等。其中，面部表情比包括言语在内的任何其他东西都更能反映人们内心的感受。很多调查结果显示，亲和力强的教师，尤其是班主任，最受学生欢迎。在教育教学工作中，经验丰富的班主任最大的特长是"目中有人"。他们每次和学生接触总是用亲切的目光主动捕捉学生的视线，而且不漏过任何一名学生。这种亲切的目光会使学生感到老师意识到自己的存在，不会让学生产生游离于班级群体之外的感觉。学生如果能感受到班主任的微微一笑或微微点头，他会感到很荣幸，尤其是当学生取得一点成绩或做了一件好事时，这微笑会使学生的进步速度超出人们的想象。面带有感染力的微笑、在谈话中不时地与学生或家长进行目光接触，这样的班主任老师是很容易得到学生与家长的好感的。

此外，在沟通交流中，肢体语言的作用也不可小觑。一般情况下，肢体语言能够表达出情绪，比如鼓掌表示兴奋，垂头代表沮丧，摊手表示无奈，搓手表示焦虑，顿足代表生气，捶胸代表痛苦，等等。班主任在沟通交流中对学生做出摸摸头、拍拍肩的触摸，可表现其亲切随和、平易近人以及对学生的关爱。班主任老师也能通过学生、家长等的肢体语言判断出他们的心理，同时还可以通过恰当的肢体语言来补充自己的语言表达。

当然，语气语调也起了重要的作用。有气无力、生硬冷漠或不耐烦，让人感觉有倦怠，或语速过快而使人听不清楚，或语气太重而仿佛在责备人，这些都会影响到沟通的效果。明朗、洪亮、愉快的语调最能吸引人，说话速度放慢、咬字清晰、音调富于变化（有精神）、语气亲切（或热忱、关怀）、注重礼貌等，都可以促进有效沟通。

（四）沟通对象有预期反应

有效沟通，是指凭借沟通想要达到预期的效果。也就是说，教师进行沟通的对象要有预期反应。如果达不到预期反应甚至产生相反的反应，那么不管教师在技巧上多娴熟，都不是有效沟通。当然，教师要想达到预期反应，不是一次或几次沟通就能达到的，有的需要多次沟通、多方沟通才能达到预期效果。

二、在与家长沟通时，班主任应了解和尊重家长，进行方法指导，激发教育参与

教师在与家长沟通时，不应一味地告状，而应在平等沟通的基础上，对

教育方法提供一定的指导，激发家长共同参与教育的热情。教育不是教师一个人的事，教育不仅仅是学校的事，教育也是家庭、家长积极参与的共同体。很多时候，家长忽视家庭教育对学生的影响，认为学生进入学校，应该由学校来完成教育任务。事实上，家庭教育中家长对于学生的言传身教，将对学生未来的成长产生重要影响。所以说，班主任在班级管理中，面对学生学习与生活问题时，应该及时地、积极地与家长开展沟通，赢得家长对班主任教师工作的认同，赢得家长对班级学生管理的全面支持。在沟通时应把握：

（一）因人而异

家长的文化背景、教育经历、工作环境不同，教育孩子的理念、方法也有很大的差别。面对不同的家长，教师与家长沟通只有"因人而异"，特别是面对态度强势、教育方法偏激、不愿意沟通的几类家长，要采取恰当的沟通方法，才能赢得家校教育的一致。要明确服务意识。在与学生家长进行沟通中，班主任要积极、主动，要转变过去的"权威"态度，以平等、和谐的心态，去与家长展开交流。要将教育作为家校共同的责任，要让家长认识到班主任对学生的关心、重视，要让家长感受到班主任的这份真诚。

（二）班主任要尊重家长的想法或意见

面对学生教育工作，班主任的想法与家长的认知有时候并不统一。特别是在一些生活细节问题上，家长的想法与班主任的观点可能存在分歧。班主任在与家长进行沟通时，对于存在的问题应该客观地去说明，对于家长的不同意见也应该给予尊重。同时，在与家长沟通中，要尽可能单独谈话，向家长说明情况，争取家长对班级管理的理解与认同。

（三）班主任与家长沟通时要保持理性

有时候，班主任为了缓和与家长的沟通气氛，在话题方面可能会出现随意性。事实上，班主任在与家长展开沟通前，要明确沟通的主题、内容、任务和目的，切忌随意性，要多方面获取学生信息，设计与家长有效沟通的话题，如何展开、如何结束、如何呈现优点、如何把握不足，避免沟通中出现情绪化态度，以免影响沟通气氛。另外，在与学生家长沟通时，要积极观察和分析家长的态度、认知，对所设定的谈话主题进行优化，反思交谈的方法是否得当，哪些地方需要改进和注意，最大限度赢得家长的信任和支持。

三、在与任课教师沟通时，应平等相待，融洽关系，激发情感

班主任不是班级管理的唯一者，班主任要积极争取各任课教师的配合，多沟通，统一教育管理思想战线。对于一个班级，班主任、任课教师是共同的教育团队，班主任是团队的领袖，要树立班级管理目标，细化教育理念，赢得各任课教师的认同，形成教育合力。班主任在与任课教师沟通中，要确立平等、协作的关系，要发挥班主任的主动意识、沟通艺术，与各任课教师统一思想战线、共同促进班级学生进步。班主任要尊重各任课教师，要坦诚相待，任课教师反映问题时，班主任要虚心、诚恳、冷静听取提醒、建议或批评；班主任不能将任课教师反映的问题片面地归结为他们的事，而是要积极面对、深刻反省，全力培养各任课教师，共同解决问题。班主任要结合班级管理需要，定期与各任课教师展开会晤沟通，互通情况：了解学生的学习成绩，班级中存在哪些不足，对学生问题展开交流、探讨，共商应对决策；对各任课教师的教育理念、教学方法互通互学，改进班级管理方法，全面促进学生发展。

第二节　偶发事件处理

问题与分析

🖊 问题直击

小李老师刚从某名牌大学毕业，带着满腔的工作热情投入教育教学工作中。她工作兢兢业业，认真负责，但由于是女教师，有时性格过于温柔。本着"跟学生成为朋友"的宗旨，她总是不舍得训斥学生，一直对学生温柔以待，怀有宽容的心。在工作第一年她执教初一某班，班级有一同学周某是典

型的"刺头"，上课说话是家常便饭，还经常打架滋事。由于该班班主任也是一名比较温柔的女教师，也是第一年工作，这名问题学生根本不把班主任放在眼里。对班主任的态度都如此恶劣，更何况是一直温柔待人的小李老师呢？

某天早读，小李老师组织学生默写，早读下课铃响之后，小李老师让最后一排的学生起来把听写本收好放到前面。周某当时坐在班里倒数第三排，轮到周某交听写本的时候，他因为没有写完而不肯交，于是收本子的同学便强行把周某的本子收走了。这一下点燃了导火索，只见周某摘下眼镜往桌上一拍，拽起那位同学的衣领，一手掐住那位同学的脖子就把那位同学推到了教室后门的角落。这突发的矛盾让小李老师顿时感到措手不及，她立刻让后面的同学把二人拉开，但同学们看到情绪如此激动的周某，都不敢上前去拉。为了制止两人的争执，小李老师只能自己过去想要把两人拉开，结果被周某给甩到了一边，直接跪在了地上，还被暴怒之下的周某拖拽了一段距离，导致小李老师的膝盖都被磨破了。

下课后被打的同学主动去找到了小李老师道歉，然而引起这场风波的周某却好像什么都没发生过一样，依旧我行我素。小李老师既生气又疼痛难忍，于是把这件事告诉了班主任。班主任联系了周某的家长。周某的父亲对周某要求极其严格，得知这一事情之后愤怒无比，把周某关在家门外面整整一夜。即使这样，周某依然没有向小李老师正式道歉。

第二件事发生在学生开学典礼大会上。周某已经升至初中二年级，但是动不动就"搞事"的脾气却一点都没改。在开学典礼上，班主任老师去喝水的一会儿工夫，周某在下面"大讲特讲"，然后把年级主任给"吸引"过来了。年级主任问周某在做什么，周某嚣张地说道："在说话啊！"年级主任非常生气，说："那你跟我说你在说什么。"结果周某又是一副满不在乎的样子说："我跟你没什么好说的。"全校都在开大会，而周某却在跟年级主任较劲，引来了大批学生的目光。年级主任对此也非常愤怒，在大会结束后将这件事告知了周某的班主任。

据有关调查了解，周某的家长教育方式反差非常大，周某的母亲极其溺爱周某，而周某的父亲则非常严格，动不动就对周某施以打骂，这也导致了周某的性格极端，动不动就会引起校园矛盾。

✿ 问题诊断

　　小李老师是第一年参加工作，难免缺乏管理经验，对于学生温柔有余、威信不足。因为没有掌握好与学生交往的"度"以及对学生的突发事件处理不到位，所以导致了自己的"受伤"。常言道："亲其师，信其道。"这并非仅仅是从教学的角度说明师生关系的重要性，其实在教育的方方面面，师生关系都发挥着重要作用。众所周知，如果没有良好的师生关系，教师的教育教学工作就无法推进。可以这样说，良好的师生关系是教师开展教育教学工作的基础和保障。随着社会的发展，以"师徒如父子"为特征、"师道尊严"为核心的传统的师生关系逐步解体，新时代的教师面临着探索和建立新型的师生关系的问题，新时代必将赋予师生关系更多的内涵。除此之外，青春期的学生正处于世界观日趋形成的关键时期，他们内心有着强烈的主观愿望去观察、思考以及评判他们的周围世界，其中包括教师的言行。这就使得师生关系变得越来越模糊，越来越复杂，越来越难以把握。面对这种情况，新时代的教师必须勇敢面对，主动作为，调动管理智慧，思考各方需求，只有这样才能在班级管理中建立良好的师生关系，享受工作的快乐。

　　在班集体中，理想的师生关系应该表现为学生对教师的"敬、爱"，既尊敬又喜爱。学生只有做到思想上的"敬"和感情上的"爱"融为一体，才能称之为"敬爱"。每一位教师不要小看这个词，很多教师尤其是刚入职的年轻教师，当然也包括工作多年的老教师，在处理师生关系的时候往往达不到这一高度。学生对教师要么敬而远之，要么"爱"得一塌糊涂。尊敬产生距离，尊敬的程度越高，距离就越大；喜爱则会拉近距离，喜爱的程度越高，距离就越小。距离太远或距离太近都不利于管理，所以我们要在这远近之间找到一个完美的平衡点，这就是我们所追求的理想的师生关系。尊敬会产生信奉，学生只有信奉教师才能沿着教师指引的方向前进。如果学生不信奉教师，那教师的教育教学工作必将无法开展；但是又不能过度信奉，因为过度信奉会导致盲从，盲从会在一定程度上制约学生的精神发育。喜爱会产生信赖，学生只有对得到他们信赖的教师才会敞开心扉，这样教师才能走进他们的内心世界，但是如果学生过分依赖教师的话，又会导致他们迷失自我。

教师需要走在学生的前面，引领他们前进，同时教师又必须走进学生的内心，激励他们成长。如同上文所说，我们追求的理想的师生关系就是在信奉和信赖之间找到一个恰当的平衡点。这个点就是和谐，平衡才能稳定，和谐才能持久。也就是说，理想的师生关系就是和谐的师生关系。如果师生关系过于冷漠或过于热烈，都不利于建立和谐的师生关系，所以具有教育智慧的教师常常都表现得不急不躁、不温不火。这样的教师对学生不过分关心，也不故意疏远，遇事不火上浇油，也不雪上加霜，对学生既严格要求又真心关爱，有的事情寸步不让，但有的事情却一再迁就，有的场合不分彼此，但有的场合却泾渭分明，有的话一带而过，但有的话却不厌其烦。这就是教师的管理智慧。教师的管理智慧就是对"度"的把握——距离学生不远也不近，走在学生前面又不远离他们的心灵，貌离而神合，和谐而美丽。

同时，小李老师缺乏对偶发事件恰当处理的教育智慧。在学校生活中，矛盾无处不在。学生之间，常因为这样那样的事而发生摩擦。对矛盾、冲突的处理，教师要有一定的教育智慧，首先是教师需要有爱心和耐心，其次是要讲究艺术和方法。偶发事件处理得当，会让教师的课堂更加出彩，还会大大改变教师在学生心目中的形象和地位。

理论与应用

◎ 理论导航

偶发事件是指在教育过程中遇到的事先难以预料、出现频率较低但必须迅速做出反应、加以特殊处理的事件。偶发事件的成因有下列种种：

1. 天灾人祸

如学生家里遭火灾，父母突然亡故，集体活动或个别外出时遭车祸，劳动时发生工伤事故，等等。

2. 外来干扰

如在校期间校外人员闯进教室寻衅，在放学途中校外人员截击学生进行敲诈勒索，社会上不良人员逗引女生，等等。

3. 人际关系紧张

如：同学关系紧张，引起吵嘴、打架；师生关系紧张，引起学生公开顶撞教师或学生的报复性行动；家庭关系紧张，因父母关系不和，或父母的教育方法简单粗暴，或离异、单亲家庭缺乏温暖，引起学生夜不归宿、离家出走；等等。

4. 学生调皮捣蛋

主要有三种情况：第一种是玩笑式的胡闹。比如，一些调皮捣蛋的学生经常会和同学搞恶作剧，以表现自己或引起老师、同学的注意。第二种是试探性的考验。比如，新入职的或刚接班的教师上第一节课时，这些学生故意出些难题怪题问老师，想试探一下老师有多大能耐或者想故意让老师出丑，有时甚至故意扰乱课堂纪律，看看老师如何处理，等等。第三种是破坏性的捣乱。比如蓄意惹是生非、欺负同学、破坏公物、制造混乱等。

5. 问题学生的问题行为和违法行为

品德不良型的问题行为包括偷窃、欺骗、赌博、斗殴、破坏公物、用暴力欺压弱小同学等。这些偶发事件，往往要消耗教师很大的精力。这样的问题行为很容易发展成违法行为，往往是造成违法行为的前奏。

6. 心理异常因素

如由于学业、交友、亲子等造成的焦虑、恐惧、忧郁、嫉妒等不良感情，以及自身孤僻、偏执、任性、暴躁等异常性格，这些都很容易使学生心理失去平衡，发生问题行为，甚至可能导致心理及行为异常等，最严重的可能酿成厌世轻生之类的悲剧。

偶发事件通常有以下几个方面的特征：

1. 偶然性

偶发事件的发生是随机的，即任何时间都可能发生，并且这件事的主人公是不固定的，发生的场所也不固定。偶发事件通常难以预测。

2. 偶尔性

偶发事件通常具有偶尔性的特征，即只是有时发生，而并非时常发生。其发生的概率比较小，比常规事件发生的频率要低得多。

3. 突然性

偶发事件通常发生得比较突然。社会上的紧急事件通常都属于偶发事件。比如交通、医疗、教育等方面的重大事故的发生都具有突然性。偶发事件的突然性通常指事件的承受者并没有做好迎接该事件发生的准备。

4. 具有影响力

偶发事件通常具有一定的影响力。比如课堂上偶发事件的发生通常会激起学生的思维，给学生以思想上的启发，引导学生进行学习，给学生以很深的印象。

5. 紧张性

偶发事件通常会带给教师以紧张的情绪，也要求教师要抓住机会，对此事件做出合理的反应，及时对问题进行解决，从而形成良好的影响力，否则可能就会带来消极情绪。

6. 特殊性

偶发事件与常规事件有很大的不同，它较于常规事件来说更加特殊。因为它需要针对问题提出解决的方案，并立即施行。这就十分考验教师的反应能力，要求教师提高自己教学的灵活性以适应变化。

偶发事件是不可避免的，这是因为：

1. 教育过程是一个动态的活动过程

我们的教育对象是具有主动性的学生。他们气质各异，个性不同，他们的心理状态也处在不断变化之中，他们随时都会冒出一些难以预料的问题。正如苏霍姆林斯基所说："教育工作的对象是人，而且是特殊的人——儿童——理智、情感、意志、性格、观念、信念正在形成时期的人。"所以，学生的成长过程不可能是一帆风顺的，他们在成长过程中随时都有可能遇到激流险滩，随时都有可能出现罗盘失灵、轮舵失控等故障。一些学生难免会有意外的遭遇和越轨的行为，由此产生一件又一件的偶发事件，给我们的教师带来一个又一个的麻烦。

2. 教育过程不是一个封闭的过程

学生家庭发生的问题，社会上的问题，都不可避免地会对学校教育产生或大或小的影响，其中的种种因素都不是我们教师所能掌控的。这些问题随时都会给我们的学校工作带来干扰，有时甚至会在学校引起轩然大波。它们不可预料，可又让老师无法回避。同时，具有主观能动作用的学生，他们的活动范围总是超出家庭以及教师影响所及的范围。随着互联网的进一步普及，学生们接收的信息来自各个方面、各种渠道。因此，在教育过程中常常会遇到许多不可控的因素，这些不可控的因素就会制造出很多令老师措手不及的偶发事件。

偶发事件往往成为教育的契机，产生积极的效应，收到意想不到的效果。偶发事件的当事者和同这一事件有直接关系的其余学生，往往会产生一种强烈的需求，受到一种强烈的刺激，心理暂时失去平衡，思想矛盾特别尖锐，这样就形成了思想品德发展的一个"燃点"，引起学生内在因素的矛盾斗争，成为实施德育的有利时机。在这种时候，学生特别需要教师的关怀、慰藉、帮助和引导。正因为此，这时教师的态度和行动对学生的影响要比在通常情况下的影响深刻许多倍，往往使学生刻骨铭心、永志难忘。正确处理偶发事件，就是要把思想政治教育和解决实际问题结合起来，产生的教育效果是空洞的说教（哪怕是充满诗意和激情的说教）所无法企及的。北京五中一位老教师曾追忆过这样一件往事。当她师范毕业第一次上讲台时，一名学生课前在黑板上画了一幅她的漫画像，引起了课堂的骚乱，但她很快控制了自己的情绪，就像没有发生任何事情一样。她用一种十分平和的语气说："画得真不错，非常逼真。这个同学要努力加油呀，发挥自己的优势！"之后，她快速打开教学材料，并用她独特的讲课方式来讲解需要学习的内容。当同学们正在认真听讲时，下课的铃声突然响了。她略有遗憾地将课本收起来，并小声说道："下课了。还有一点没有讲完。"有一些懂得察言观色的同学立马听出了老师的意思：黑板上的画像引起了课堂的混乱导致许多同学没有进入学习状态。于是，许多同学立马看向一个女生，就是这个女生将老师的画像画在了黑板上。老师便明白了是这个女生画的自己，但是她并没有在课堂上去揭发或者训斥这个女生，而是在下课后给予这个女生足够的鼓励和期望，希望这个女生能够在适当的时间做喜欢的事情，不要浪费大好的学习时间，并希望这个女生能够为班级的黑板报做出贡献。随后，这个女生知道了自己的错误，并表示十分愧疚。而正是由于老师的正确指导，使得这个女生更加努力学习画画，最终成了一名任教美术学科的人民教师。由此可见，老师可以说是学生成长道路上的引路人，能够促使学生立下一定的职业目标。

偶发事件的正确解决能够体现一名教师的教育素养。著名学者戈诺博林这样讲道："教育者要能在不同的境况下想出合适的应对策略，这对于教育来说至关重要。在教育的过程中要注意说话的语气和态度以及处理问题的方式。能够对偶发事件做出快速反应是每个教师要具备的重要才能。"我们在教育行业称这种反应能力为教育的机智行为。教育机智是教学者灵活教学的一种思维的体现，它将人们的品质道德之美体现得淋漓尽致。对于教育者来说，教育机智充分体现了教育者对教学认真负责的态度，同时也体现了教育者的灵活教学方式，为教育者树立了良好的教师形象。而对于学生来说，教育机智有利于学生的未来发展，增强学生的信心，激发学生对学习知识的热情，也增加了对教师的信任程度。

在解决偶发事件的时候，教育者要注意的一点是：出发点一定要积极向上。因为稍有不慎就很有可能造成消极的影响，使得教学工作难以进行，可能会带给学生一些负面情绪。偶发事件的处理需要教师一丝不苟的认真态度，并且考验的是教师的品德素质、文化教养、组织协调能力等。一些作风良好的教师能够及时处理偶发事件，建立起和谐、融洽的师生关系。同时也有一些态度不端正、做事不认真的教师不能够很好地处理偶发事件，甚至对工作不负责任、缺乏知识，不能与学生建立良好的师生关系。这样的教育者在教育行业来说是比较失败的，可以说，他们所起到的教育效果微乎其微。还有的老师为了维护自己所谓的"权力"，在课堂上情绪失控，对于所发生的偶发事件严加惩治，同时运用暴力手段来解决此类事件。这样做的结果不仅不能够使问题得到解决，而且会破坏原有的师生关系，阻碍教育的发展，严重影响了教学的质量。有的老师在面对偶发事件时心态较差，承受能力不强，会出现慌乱情绪，不知如何处理此类事件。这种情况会使得学生失去对老师的信任，并且很大程度上降低了班级的聚集力。由此可见，如何正确解决偶发事件所产生的问题成为众多教育者应当关注的重要课题。

俄国教育家乌申斯基曾经这样讲道："不论教育者将他们的信念如何隐藏起来，只要他们始终坚信这一信念，那么这些信念就会传递给他们所任教的学生，就会对他们的学生产生一定的影响。而且他们越强调这些观念，这些观念就对孩子们的影响越深。"每一位教育者都应当履行自己的教育义务，树立起正确的人生价值观念，给学生带来积极影响。同时，在学生遇到难以解决的问题时，要给予其热切的关怀，并及时提供适当的帮助，让孩子们感受到教育者的爱心。这样才能都到教书育人的目的，为教育事业做出贡献。

另外，当学生遇到自己的正当利益受损求助教育者时，教育者要及时伸出援助之手，和损害学生正当利益的行为做斗争。同时，这也体现了教育者的宽阔胸襟和正直的高尚品质。这种挺身而出的精神也可以应用到偶发事件的处理当中，推动偶发事件的解决，树立良好的人民教师形象。与此同时，学生也会增加对老师的信任度，与老师建立友好的师生关系。

❀ 行动研修

教师如何才能处理好偶发事件呢？课堂教学中偶发事件往往是事先预料不到的，所以应变时必须因势利导、随机应变，其方法技巧应随着情况的不同而不同，没有什么统一的可机械照搬的模式。但仔细分析起来，还是有一些方法技巧可循。下面简单谈谈几种应变策略：

一、暂缓法（冷处理法）

在课堂教学中出现想象不到的"小插曲"时，教师不能急，不能慌了阵脚，可采取"缓兵之计"，暂时"搁置"起来，或是稍作处理，留待以后再从容处理的方法。因为在当时，学生多半处于激动状态，情绪不稳，很难心平气和地接受教育，甚至会产生更严重的逆反情绪，使局面难以收拾；而老师缺乏充分的心理准备和冷静的分析，如果贸然进行"热处理"，难免发生失误或难以取得最佳的教育效果。例如周某在小李老师的早读课打架，小李老师首先应当保持冷静，走过去站在两位学生面前，不要直接上去拉周某以免伤到自己，静静地看着周某，微笑着说："怎么啦，你们俩都已经是初中生了，这点小矛盾还需要这么大动干戈吗？双方都冷静一下，相信你们能够自己解决。"这种方法既避免了事态的激化，又不会造成伤害，更主要的是让学生自己解决纠纷，锻炼了学生的自主性。

同样，在开学典礼上的事情也可以做类似处理。既然周某已经引起了周围同学的围观，再大声批评周某只会引起更大范围的关注。开学典礼人数众多，上面还坐着学校各级领导，此时批评周某显然不合时宜。再加上周某当时的态度恶劣，批评只会引起他更大的反弹，不如暂时停止对他的批评，但是为了防止他继续跟周围同学说话扰乱纪律，可以站在他的身边，给他一定的震慑。毕竟在老师的眼皮子底下，学生也会注意到纪律，管住自己的嘴巴。这样也能达到让周某不再说话的目的。在这种大型场合，教师不要跟学生争"一时之长短"，双方应该各退一步，互相给彼此一个台阶，这样更有助于类似突发矛盾的解决。

二、立刻处理

这类问题一般是由于孩子的身体不适所造成的，比如流鼻血、肚子疼、尿裤子等。遇到这类情况，老师首先不要慌张，尤其是低年级的课堂，老师先要稳定孩子们的情绪，一边安慰一边进行及时处理："不要害怕，流鼻血是很正常的事情，其他同学也不要惊慌。秋天到了，回家要多吃点水果。"处理好了，学生情绪也稳定了，然后接着上课。

同时，教师要做好一定的准备，比如在做课外社会实践活动时，可以提前提醒晕车的学生带好呕吐袋，上车之前提醒学生先上厕所。教师也可以备一些晕车药，以防学生晕车呕吐带来不便。

三、借题发挥

上课时遇到小鸟、蝴蝶、小猫之类的"不速之客"时，老师可以幽默地带过。有一次语文课上，小徐老师正在讲台上讲课，一只野猫突然从外面跳了进来，学生们的注意力瞬间被小猫吸引住了。小徐老师没有停止讲课，而是打开了教室的前门，没过一会儿小猫就自己跑出去了。小徐老师接着说道：

"如果小猫也会说话，估计古诗词、文言文背得比你们还熟练呢！大家不会在学习上还输给一只小猫吧？"之前还听说有位名师，在上课时飞进一只蝴蝶，老师顺势说道："大家能根据这一场景说出一个词牌名吗？"同学茫然，于是这位名师说道："蝶恋花。你们不就是祖国的花朵吗？"课堂的气氛不仅没有被打破，还被积极地调动起来。

四、灵活处理

教师的教育机智是必不可少的，尤其在课堂中遇到一些突发情况时显得尤为可贵。这里所说的"机智"，是一种当场提出的解决方法。记得有一年的新教师汇报课在学校的大教室举行，一年级的李老师在最后的识字教学时，突然发现小黑板竟然忘带了。当时，下面坐着很多听课的老师，这可怎么办呢？大家都为她捏着一把汗。只见李老师随手拿出一把尺子，边在黑板上画田字格，边说道："在我们写字之前一定要先看好田字格的大小，写字的时候要注意写在田字格的中间，不能写得太大，撑破格子或写得太小都不好看……"伴随着她的提醒，孩子们的眼睛紧紧盯着黑板，很快格子画好了，教学继续进行……

还记得有一次在初一语文公开课上，小徐老师教授刘禹锡的《秋词》一诗，在讲到"鹤"这个主要意象的时候，有位同学突然举手说觉得"晴空"才是这首诗歌的主要意象。下面的听课教师都为小徐老师捏了一把汗。只见小徐老师微微一笑，问道："大家觉得是'晴朗的天空'比较漂亮呢，还是'一只鹤飞向晴朗的天空'这个场景更加漂亮呢？"大家纷纷回答是有一只鹤的天空更加漂亮。教学的重点又重新回到了"鹤"这个主要意象上。这个小插曲也让公开课更加生动了起来。作为教师，在课堂上随时都会遇到一些意想不到的事件，如何处理突如其来的问题，是对教师临场应变能力的考验。如果问题化解得巧妙，不仅能使教师自己迅速摆脱窘境，保证课堂教学顺利进行，而且会得到学生的敬佩。

五、暗示提醒

课堂上难免会出现一些思想开小差的学生，如果老师每次都严肃批评，未免有点小题大做，而如果不闻不问也不太合适，这时适当的暗示就会恰到好处。遇到开小差的学生，老师可以不打断教学流程，只要走到他面前，摸摸他的头，或是微笑地看着他。轻轻地一个眼神、一个动作，学生就会心中有数，立刻回归到课堂。遇到课上睡觉的学生，可以跟其他学生做一个眼神交流，然后大家一起鼓掌，就能把学生从梦乡中唤醒……不必疾言厉色，也能达到很好的效果。

课堂是动态的过程，我们面对的是一个个活生生的孩子，他们有思想，还有点小个性。在课前，尽管老师们做好了充足的准备，但还是不能确保每堂课都能按照我们的教案顺利实施。如何应对这些突发事件，无疑也是对教师的一种严峻挑战。

第三节 开展集体活动

问题与分析

问题直击

案例1

张老师第一年参加工作，就担任了班主任的重要角色。集学科教学与班集体管理于一身的他，每天显得非常忙碌，但是他有满腔的热血，每天勤勤恳恳，一心扑在教育事业上。在大学里，张老师的教学风格独特，常常受到老师的表扬，所以工作之后，张老师的教学能力也得到了大家的肯定，张老师也决心在教学领域闯出一番天地，于是每天花费大量的时间去钻研课本，去备课。而在班级里，张老师认为，初一的孩子毕竟还小，是可以犯些小错误的，班级里只有遇到需要解决的大的事情才去处理。

学校为了对学生进行爱国主义教育、革命传统教育以及思想道德教育，特意精心组织了一次社会实践活动，组织学生参观学习某个教育基地。学校要求，每个班主任带领好自己的班级，准备好应急预案以及应急措施，以防突发事件的发生。张老师是一个自我管理、自我约束能力很强的人，他觉得游玩而已，玩得开心就行了，所以对这种应急预案以及应急措施的准备不以为意。结果在自由活动的时候，因为学生和老师是分开的，有一个比较孤僻的学生没有和其他同学一起，最后班级集合的时候，这名学生没有及时回归班级，导致全校学生停留，等待这一位学生。此时张老师倍感焦急，也意识到了自己的失误，最后学校领导组织老师集体寻找，终于在一个娱乐区找到了这名学生。

案例 2

某校初三年级在学校组织下进行了一次社会实践活动，社会实践活动的地点是在无锡宜兴。各班举行合作翻越毕业墙比赛。班主任王老师性格内敛，不善于与学生交流，在挑选个人参赛的时候直接指定平时表现优秀的学生参加。在集体比赛时，当其他班的班主任在比赛关头替本班学生呐喊助威的时候，王老师却没有为学生加油呐喊，班内学生受老师的影响，对比赛毫不关心，嬉笑面对，参赛学生也没有拼搏精神。全体同学没有班级凝聚力，几乎导致所有比赛该班级都在倒数之列。

🦋 问题诊断

班主任长期以来以教学为重心，简单化地管理学生集体活动，导致出现缺乏预防意识，以及对应急措施的准备不以为意等现象，可能造成一系列安全隐患以及班集体凝聚力不强的后果。

案例 1 中张老师的行为显然是错误的。教师的管理要落实到各个方面，班主任的管理要遵守法规，要全面。尤其是开展集体活动的时候，一定要尤其小心，应该把所有可能出现的状况都提前预估好紧急处理办法。张老师在开展集体活动之前没有做好相关工作，违背了热爱学生、爱岗敬业的教师职业基本道德规范。

学校系统的基本细胞是班级，同时班级也是开展各类活动的最基本、最稳定的基层组织。身为班主任，只有把班级很好地组织起来、凝聚起来，才能指望这个班的学生在德、智、体、美、劳等方面得到全面发展。对于张老师来说，首先要有忠诚于人民教育事业之心以及乐于奉献的精神，其次要有对班级管理工作高度负责之心。

就外出型课外集体活动而言，要注意几点：学生生命安全、交通安全、饮食安全等。春游之时，正是春暖花开、草长莺飞的季节，去郊外寻觅春天的脚步，进而欣赏大好的春光，这是学生们心向往之的事情。在这样的机遇之下，大家可以在一起自由谈论学习生活、开阔眼界并陶冶情操，同时也是一个增长见识的好机会。但最为关键的是，出游一定要注意安全，避免发生意外事故。那么，如何确保学生安全有效地进行课外集体活动呢？

（1）选择好目的地。在活动前班主任可以根据学校安排，先了解一下目的地的情况，观察有无安全隐患。因为现在的学生天生好动，这也加大了安全隐患，所以我们要避免发生危险。

（2）安排好恰当的集合地点。在遴选集合地点时，一定要远离马路。因为大批量的学生在马路边上下车时，有可能在某种程度上造成交通拥堵的状况，这样就增加了交通安全隐患。再加上孩子好动、兴奋，可能会出现追逐打闹的现象，如果此时正值车辆经过，那么必定险象环生。所以，我们可以在学校内或道路外的空地上集合学生，然后集体排队上下车，这样就能在一定程度上避免不安全现象的发生。

（3）乘车安全是需要我们警惕的。第一点是不要乘坐乘员很多或不能确保安全性能的客车。如果发现客车上有安全隐患，请及时与班主任联系；乘车时一定要注意，头和手是一定不能伸出窗户外面的，会车的时候容易受伤，也容易被路边的大树刮到而受伤；下车的时候不要急，一定要等待时机，等客车停稳后，再按照顺序下车。第二点是下车后不要急着横穿机动车行驶的道路，也不能急于从汽车的前面或车尾后面过去，要做到紧跟班集体，一起走人行横道。第三点是学生如果是步行外出春游的，应该按照次序排队，队伍一定要排列整齐，不能三三两两，而且并排行走的时候，队伍是不能超过两个队列的；横过机动车道时应走人行横道；如果当时的道路没有人行横道，那就要在确保安全的前提下加快步伐，快速穿过。

（4）我们会在中途遇到饥饿或口渴的时候，所以我们可以准备一些牛奶饼干等可以垫肚子的零食。还可准备一些羽毛球、小篮球等体育用品，这样我们就可以在休闲的时候娱乐一下。

（5）行动的时候要遵循集体原则。春游的场所大多数是比较热闹的地方，而这些地方的机动车辆相对比较多，在人员复杂的地方是存在安全隐患的。因此，要强调学生春游的时候最好以集体行动为必须遵守的原则，避免学生在人来人往、车来车去的地方引发事故。总而言之，学校在计划组织外出时，一定要把交通安全考虑清楚，而且活动之前要有专人拟订好，并且有专人审核的详细活动计划，将责任落实到个人，确保学生在高兴春游的同时也能够平安归来。

案例 2 中王老师的做法显然也是错误的。班主任想要增加班级同学对这个班级的认同感，想要增加班级的凝聚力，就必须采取有效的活动，班主任要抓住每一个可以建设班集体的机会。当班集体的凝聚力较高的时候，班级同学会有一致的目标、统一的行动、严明的纪律、能够共鸣的情感、能够相容的心理，也有融洽的气氛以及民主的作风。而且，在集体活动的过程中，可以帮助班级成员更清楚地认识到班级的目标，也能感受到班级的责任感，还可以促进人际关系的培养；同时，集体活动也是检验班干部团队工作效率的重要途径。

如果活动开展得好，学生会觉得班集体是他们唯一的群体。对他们自己而言，是不会允许与班级目标不一致的小群体的存在，也不会因为老师的原因，让他们失去了班级凝聚力。所以，作为班主任，一定要在每次活动之前让学生清楚活动的目标。

（1）在班级中提出一个共同的奋斗目标还是很有必要的。比如说，在校运动会中，班级中的运动员应该获得几块奖牌，在歌唱比赛中应该获得什么样的名次，在学校的常规检查中应该获得的什么样的分数，等等。这些大的目标、共同的目标是要靠大家共同努力、共同配合才有可能达到的，所以这样的目标对于促进班级凝聚力是非常有帮助的。

（2）我们在设计活动和安排任务的时候，要做到均衡，也就是尽量做到每个人都有一个任务。这样，班级的成员会感觉到自己的存在是很重要的，既可以培养学生的责任感，也可以让班级成员更加重视班集体活动。有人说，课外活动就是学生学习的"第二个课堂"，这是指老师在教学之外实施的有目的、有组织、有意义的集体教育活动。而且值得注意的是，课外活动的场所大多是在室外，具有很强的趣味性，有些课外活动还有很强的竞赛性，这样的特殊性质是深受学生喜爱的。如果我们能够组织一些篮球比赛、拔河比赛、歌唱跳舞比赛或者诗歌朗诵等一些有趣味性的比赛，是特别容易培养学生的集体荣誉感和自豪感的。那么，在班级荣誉面前，学生们就会为荣誉而奋力拼搏，为展现班级的风采而争光。

（3）小群体在班集体中的存在是不可避免的。我们可以让学生在不同的活动中与不同的人组成不同的小群体，这样活动组织起来更便捷，学生之间的了解也会更快更深入。这样的话，有利于增强班级成员人际关系的和谐。在一般情况下，学生都会和自己周围的同学关系好，主要原因就是他们交流的机会多，接触的机会也更多，久而久之，这些要好的学生之间就会形成一个个团体，而与其他同学的交流会越来越少，甚至存在排斥其他同学的现象。所以，集体活动的好处之一就是增加了同学之间接触交流的机会，那么我们在筹划集体活动的时候，就应该考虑到不同群体中学生的搭配。

（4）在活动中可以让班干部起到重要作用。如果班主任负责班级管理的全部工作，那么班主任的工作太繁重，而且效果并不一定好。一个成熟的班主任，会想着把自己的权力给予一些班干部。如果能让班干部在组织活动的过程中和安排中起到核心作用，那么不仅降低了班主任的工作量，还培养了班干部的能力，使得学生更加信服班干部，有助于以后班主任工作的开展。

理论与应用

理论导航

一、开展集体活动体现道德实施

首先，集体活动必须追求科学性和政治正确性。《浅谈如何组织开展初中阶段的班级活动》一文中说："班级活动必须认真贯彻党的教育方针和中学德育大纲，坚持以德智体美劳全面发展使学生成为'四化'建设的合格人才为培养目标，始终保持坚定正确的政治方向。"在教育教学中避免不了集体活动，与此同时集体活动也成为教育教学活动的一部分。作为班主任，首先要有活动的意识，尤其要有办好集体活动的意识。可以把集体活动当成另一种形态的"课堂"，通过集体活动的"课堂"，从动态中让学生在思想上领悟到知识是可以从实践中得来的，课本知识的学习并不是获取知识的唯一途径。在集体活动的过程中抓住适当的时机进行教育，从而加深学生对学习的理解，同时也可以督促学生端正学习态度，增强学习的自觉性。但在开展集体活动的过程中，要始终保持教育教学活动的合规律性及合目的性，既要符合政治正确性，又要促进学生德、智、体、美、劳的综合发展。

其次，在布置集体活动时，要注意青少年身心发展的特点。因为集体活动是教育教学的一种形式，通过这种教育形式促进学生身心的健康成长。处在青春期这个年龄段的青少年，整体会表现出热情好动、好奇心强、求知欲强、善于模仿等阶段性特征。但通常他们对事物的认知还处于认识的浅层表面，对事物的分析能力和真假的辨别能力还都很弱，再加之思想和情绪很不稳定，其自我行为往往带有一定程度的主观随意性。针对青少年身心发展的阶段特点，这时如果能够及时加以正确引导，帮助他们树立正确的世界观、人生观和价值观，将会使他们终身受益。"依循初中生成长的节奏和发展任务，为他们提供符合其成长需求的环境，并适时给予协助、引导，才能使初中生的品格发展更加完善。"作为青少年的人生导师，班主任应该正确把握青少年的成长节奏，通过集体活动予以协助、引导，帮助青少年在集体活动中锻炼意志、锤炼品格。

再次，集体活动的安排要与时俱进。对于集体活动的安排，就是要根据新时期初中生的特点，采取他们所喜爱的形式，并且要科学地安排时间，安排内容也要科学。对于传统的教育方式我们可以大胆改革，用开放式教育代替封闭式教育，用启发式教育代替灌输式教育，用自我教育代替强制教育，要努力把集体活动搞得既有独特的时代特点，又能够顺应青少年成长的身心发展规律和客观要求。这样的活动对学生是很有吸引力的，也能培养班集体的凝聚力和感召力，使学生在轻松愉快的班集体活动中受到教育，得到提高。

最后，充分利用好外在的活动契机。家庭和社会的大力支持和配合是成功开展集体活动的重要推力。在此基础之上，我们可以结合生活实际，充分利用好国内外发生的重大政治事件、重大纪念活动以及重要节假日等，将这些事件与我们的集体活动结合起来进行。这样，在横向的教育平面上就可以使集体教育与家庭教育、社会教育进行彼此补充，互相促进，做到相得益彰，使学生的思想政治工作实现多元化、层次化、系统化及网络化。

二、开展集体活动的原则

以人为本的原则：开展集体活动要始终以生为本，把学生当成活生生的、具体的人来看待，而不是当成抽象的人或当成没有思想意识的人。著名教育家鲁洁在《教育的原点：育人》一文中，一直强调教育的基点是现实的人，而不是抽象的人："在生活世界中，'人'不是由符号、图像、逻辑所构成的抽象、笼统的存在。他既不是有着固定不变共同本质的'类存在物'，也不是离群索居的'唯一者'。他是处在一定条件下进行活动的具体的、通过知觉实际被给予的，能够在经验中观察到的'现实的人'。"集体活动正是展示学生作为人的天性的活动，可能不同的学生会表现出不同的行为举止，这些举止也可能不符合某些行为规范，但它都是作为一个活生生的青少年"人"的外在显现。所以，班主任的教育就要首先注意这个原则，不能将学生看作抽象的对象。

教育性原则：集体活动，它的教育倾向是非常鲜明的，不能只是玩玩而已。其实，实践活动课程的内容之一就是集体活动，它有着广泛的教育内容，首先就应该在集体活动中加入爱国主义教育、集体主义教育、纪律常规教育等，同时要将环境教育、和平教育、心理健康教育、法纪教育等这些新的教育内容赋予集体活动当中，所以我们可以围绕这些主题开发、设计相关的集体活动。对于集体活动的教育而言，不能把它理解为单一的、片面的思想教育。其实，它可以将学生的思想觉悟进行提高，也可以将学生的智力因素进行提高，同时对于实际能力，学生也得到了锻炼。因此，我们要在活动设计的过程中做多方面考虑。但凡是有利于提高学生思维能力或者是提高学生口头表达能力的内容，都应该考虑进去。再如家务活劳动比赛、自己下厨自己做菜活动等，这些活动都有利于提高学生的生活自理能力。"在制定班级活动目标时，要寓庄于谐，寓教于乐，最大限度地发挥班级活动的教育作用。"教育性原则在集体活动中的重要位置由此可见一斑。

整体性原则：集体活动就是集体参加的活动，要尽可能让每一位同学都能参与进来，即使是性格内向、平时不怎么说话的同学也要参与进来，让同学们在活动中寻找自己的优点和不足，逐渐提高自信心，塑造自己的性格。

灵活性原则：死板的活动是没有生气的，学生也不会喜欢，所以我们在设计活动之前，一定要进行一些周密的计划。在开展活动的过程中，不同的人有着不同的想法和观点，随着活动的不断展开，新的主题也会不断形成，新的目标会不断产生，学生在这个过程中会越来越喜欢集体活动，其认识和体验的效果也会不断加深。不断迸发出创造性的火花，这是班级活动生成的集中表现。所以，不是让学生们圈死在一个主题上，而应是通过对活动的精心策划起到引导作用。例如，在临近考试时举办讨论会，会议主题是"我要努力"，考试过后可以将主题变为"我努力了"的主题交流活动，后一个活动就是在前一个的基础上生成的。另外，活动的时间以及地点也是灵活的，地点不能局限在教室、在校内，我们可以将地点定在户外、在网上。也可以根据季节的不同来做相应的安排。

创造性原则：多种多样的活动形式，对于学生来讲已经接触了不少。经过了这么长时间的学习生涯，学生对于集体活动也参加了许多，所以活动要有创造性，这样大家才会想参加，活动也才能成功。

三、开展集体活动智慧实施的体现：善用集体活动增强班级凝聚力

人需要灵魂为之起舞，没有灵魂的人是行尸走肉；班级是需要凝聚力的，如果班级没有凝聚力，而是依据外力束缚，那么一旦失去外力的作用，便会四分五裂，所以说凝聚力就是班级的灵魂。那么，班级凝聚力该怎样形成呢？其实很简单，首先需要在班级中确定一个共同目标，然后班级成员有着为共

同目标奋斗的责任感，而且在成员之间有着和谐的人际关系，高素质的班干部团队也是不可或缺的。如果再加上丰富的集体活动，那么班集体的凝聚力就更加充沛了。所以，想要有很好的班级凝聚力，就要利用好集体活动，这是提升班级凝聚力的法宝。

🏵 行动研修

如何有效地开展集体活动呢？老师们可以试着从以下几个方面找到自己的工作思路。

一、班主任在开展集体活动的时候，准备好应急预案，保障每一个学生的安全

学校为了提升学生的思想道德教育、爱国主义教育、革命传统教育、职业技能教育，经常会组织一些集体活动，将学生带到一些教育基地、工厂等进行参观学习。这个时候对班主任的考验是非常大的，因为这时安全防范就显得更加重要。为尽量避免发生意外事故，学校会采取相应的措施予以保障。其实我们在开展集体活动之前，要准备好一系列的防范措施。各个学校会经常举办演讲、报告、运动会等活动，在活动中可能会发生安全问题，所以学校会采取相应的措施加以保障。同时，这肯定需要班主任的配合，学校要求班主任对学生进行集体活动的思想教育工作。

那么，班主任应该要求学生一定要做到：第一，服从老师的统一指挥，听从学校和老师的安排，坚决不能私自行动；第二，按照事先选定的路线参观，按照原计划进行活动；第三，在参观过程中，特别重要的一点，就是一定要遵守各参观单位的一些规定。这个时候，学校要组织学生在学校就学习安全防范制度，确保学生在良好的组织下开展集体活动，这就需要有关部门和负责的老师一起制定详细周密的计划，进行严格的组织，务必确保安全。在集体活动前，各班要按照规定的时间在规定地点排好队，有序地前往指定地点，要做到走路快、行进静、排队齐。如果遇到需要带座椅的，要规范地执拿、轻拿轻放。集体活动的时候，学生要保持端正的坐姿，观看或听讲过程中要认真，不能随便走动，更不能交头接耳。在集体活动结束后，应整好队，有序回到教室。这里要特别注意的是，上下楼梯的速度要慢，不抢先，注意礼让。

学校组织学生参加校外活动，一定要进行周密的组织和安排。组织学生开展校外集体活动，首先要在事前报校长室批准，还要落实各项安全责任。各个班级带队的时候，必须跟随一名老师，低年级各班必须两名教师跟随。带队教师必须自始至终组织好队伍，照顾好学生，多观察，和学生保持联系，以便及时处置偶发事件。而且在集体活动前，要给带队老师召开会议，要让每个老师必须对学生进行一次有针对性的安全教育。有些在校学生家里条件有限，不同学生的家庭经济状况差异较大，出于安全考虑，学校一般不组织学生集体旅游。如果遇到有私自组织外出旅游的学生，班主任一定要对学生进行正确的指导，再三明确要注意旅游安全。

同时，因为集体活动伴有运动性，所以容易发生意外损伤的事件，作为班主任要掌握处理运动损伤的方法：可以选择休息，这样可以有效避免加重伤势，减少由于运动所引起的疼痛、出血或肿胀；冰疗，如果有冰块，可以把冰块用毛巾裹住，轻敷在受伤的部位，能够减轻疼痛和肿胀；压迫疗法，用冰袋压迫损伤部位，但不能过紧；抬高疗法，把受伤部位抬高，可减轻水肿。

二、集体活动的组织要讲究方式方法

集体活动的组织要讲究方式方法。要有针对性地开展集体活动，我们应坚持三个为主。

首先，要坚持以正面教育为主。如召开"我的理想"演讲会，我们可以用名人事迹对学生进行正面引导，以便他们确定自己的理想目标。

其次，要坚持以自我教育为主。学生是具有强大发展潜力的，他们都蕴藏着极大的自我教育积极性。在开展集体活动中，班主任老师要努力发掘和利用这种积极性，让学生自己教育自己，努力让学生从"要我学"尝试着变为"我要学"，从"要我进步"尝试着变为"我要进步"。开展集体活动，学生是比较兴奋的，其外在的积极因素已经具备，同时，我们还要充分调动学生内在的积极因素。另外，班主任老师还要充分发挥班委的示范和带头作用。他们在班级中是一个特殊的集体，往往可以起到教师起不到的作用，从而使得集体活动可以实现双层管理。举个例子，在开展集体活动时，可以有意识地让班委组织，以实现学生自己管理自己、自己教育自己。这种方法不仅有利于培养和锻炼班干部，也是学生自我教育的一种良好形式，能够产生老师教育起不到的特殊效果。

最后，要坚持以思想教育和行为教育为主。要注重从根本上解决问题，尽量避免处罚等消极形式，更不得有侵犯和剥夺学生人身权、民主权等违法行为。

第四节　班集体常态工作

问题与分析

问题直击

案例 1

小王老师刚从师范大学毕业，进入一所初中学校开始了他的教育职业生涯。进校工作第一年，在学校领导的安排下，小王接手了初一年级某个班级的班主任工作，另外在教学上担任相邻两个班级的授课工作。由于刚刚走上教育工作岗位，小王虽然抱着一颗要强之心，竭尽所能想把教育教学工作做好，但在面对全班同学时，他多多少少还是显得音容稚嫩、手足无措。有一天，班里的一名男生不写数学作业，被搭班的数学老师"状告"到班主任小王这里。与此同时，与小王搭班的英语老师听到后也向他反映该名男生在英语课堂上东倒西歪、坐姿难看。小王老师听到两位搭班老师的陈述后，回想这名男生在自己所教授科目上也是如此，心中不觉有些怒气。在下午散学前的每日总结时段，小王以班主任的身份，当着全班同学的面指出那名男生所犯的错误，狠狠批评了他，并向其宣告放学后要留下来，已联系其家长到校沟通谈话。散学后，小王将该名男生及其家长请到办公室，当着男生家长的面，悉数其在校不良表现，希望家长能够回家认真沟通教育。最后，那名男生和家长悻悻而归。

案例 2

班主任胡老师是一位有着 30 多年教龄的老师，她的班里有一名学生叫小浩。小浩的同桌这样评价小浩："从小学三年级起，小浩就经常挨批，缘于他经常不做作业。除了不做作业，他还有很多缺点。升入初中后，他为了要抄袭我的作业，竟然对我说：'我给你钱，你让我抄作业。'我没答应，他竟然将我关在厕所里。"初一伊始，胡老师眼里的小浩是这样的：军训期间，我发现了一名活泼可爱的男生，开学后他却由于不做作业没少让我操心。他惯用的理由有二：一是不会做，二是忘记了。我不许他用以上两个理由，结果他给我的理由是，一到家就想不起要做作业了。

初一开学第二个月，班级所有学生通过讨论关于作业问题达成以下共识：如果有哪位同学三次无故不做作业，将会请家长放学后到班里，全班同学给家长提建议。第五周结束时一统计，小浩刚好有三次未完成作业。但胡老师心里认为，和一周内三次未完成作业相比，小浩的进步已经很大了。她不愿随随便便请小浩的家长，但鉴于她与学生之间所做的班级约定，她思前想后又有了新的决定。在当天散学时，胡老师对学生说："小浩同学本周有三次未完成作业，因此家长需要到校来听取同学们的意见。"此时，小浩脸色骤变。但胡老师马上话锋一转，接着说："首先，语文老师今天表扬了小浩同学，说语文作业质量提高了许多，不做作业的次数明显减少；其次，今天早上，小浩同学主动提出请求，希望能做完作业再回家，说明他有完成作业的意向和愿望；最后，他爸爸给我打来电话，说感觉小浩在家里学习时比以前用心了。"鉴于以上三点，胡老师说她愿意给小浩一个机会，这次就不请家长来学校了，但我们班是一个集体，她想听听同学们的意见。接着，胡老师让小浩同学趴在桌子上，其他同学闭上眼睛，愿意给小浩机会的同学举起右手。没想到，所有的学生都举起了右手！

事情还没有结束。胡老师又让学生在当日的反思本上就今日小浩事件写反思。同学们纷纷表示，确实要给小浩一次机会，他已经有很明显的进步了。我们作为班集体中的一员，应该给予小浩更多的包容与鼓励。后来，胡老师又把同学们写的反思文字拿给小浩看。小浩感激不已。在每周的例常反思会上，小浩发言说："当我看到全班同学反思本上的内容后，我很感动。原来同学们并没有嫌弃我，并没有认为我不行，而是对我十分好，给了我一次又一次机会，让我能改变自己。我一定会加倍努力，尽最大可能跟上班里同学的脚步。正如胡老师所说：每天进步一点点。"

期中检测很快来临。通过胡老师的引导、同学们的鼓励以及小浩自身的努力，他的数学取得了 93 分的好成绩。

✿ 问题诊断

"问题直击"中两个案例一反一正，都属于班集体常态工作中班主任会碰到的常态问题，两个案例的共同核心其实都指向在面对班集体中个别学困生时，班主任教师该以怎样的道德智慧来应对。在对班集体常态工作的处理中，班主任采取不同的工作方式，采取不同的沟通方式，显现着班主任之间的不同道德智慧。虽然可能都是在进行积极的德育引导教育，但圆融、恰当的道德智慧在具体处理班集体常态工作时，其效果往往有着"四两拨千斤"的威力。

案例 1 中的班主任小王老师在面对学困生的不良表现时，虽然履行了班主任的职责，采取了可见的、有行动力的教育干扰，具有明显的教育发生的性质，但与此同时也暴露出年轻班主任缺乏道德智慧的短板。虽然"道德"的秤砣已能成为小王老师心中的压舱石，但小王老师作为班主任，在以下三个方面还是表现出班主任道德智慧的不足。

首先，小王老师在听到搭班老师对班级那个男生不良表现的陈述后产生愠怒之气，继而在散学前的总结时间对其做出批评教育，这本身就是情绪化的教育干扰，缺乏作为班主任教师的教育理性。情绪化教育是一种偏感性的处理问题的方式，在行为动机上首先是站在自我的角度来考虑问题，没有站在学生的角度来考虑问题。

其次，在学生的问题面前，小王老师没有放下身段，事先主动去找学生了解他不交作业、上课坐姿不规范等情况，耐心聆听学生心声，细心剖析问题的教育生发过程。这样一来，对学生所做出的教育评价及教育干扰就走向片面。

再次，小王老师当着全班同学的面狠狠批评那名学困生，忽略了班集体的集体心声，此举可能不利于班集体的团结凝聚。因为在一个班集体中，像这样的学困生肯定还有，这样在大庭广众下批评，可能会给类似的学困生留下不好的心理感受。对于全班同学而言，忽略他们的心声，也就意味着班主任"一言堂"形象的确立。

最后，小王老师放学后将那名学困生及其家长请到办公室进行"揭短"式教育，不仅伤害了学生的自尊心，也驳了学生家长的面子，更糟糕的是，可能加剧学生与其家长之间的矛盾。

与案例 1 中的小王老师相比，案例 2 中的班主任胡老师在应对相似学生问题时就显得更富有班主任的道德智慧。

首先，胡老师心中始终有"班集体"的概念。由案例 2 可知，在班集体成立初期，胡老师便带领班级同学开展民主讨论、达成民主共识、制定民主规范。一旦有了学生问题，亦是将学生问题置于班集体之中，善借班集体的有生力量来春风化雨、润物无声。当小浩同学达到未完成作业次数的上限时，按照班集体民主规范，本应该放学后请其家长到班里接受班上同学的建议，但胡老师还是以善意、包容之心，发展、进步之眼光对小浩"网开一面"。这个"新的决定"做出之后，胡老师并未使用班主任老师的权威去破坏班集体先前树立起的民主旗帜，而是先听听同学们的意见，让班集体中除小浩之外的全体同学对此事举手表决，最终问题通过班集体得以解决。不止于此，胡老师还让班级学生在每日反思本上反思小浩事件，再次将班集体的共同心声汇聚、呈递到小浩同学的面前，给予小浩同学以改进的宽度、集体的温度，进而促进其在班集体中发生改变，最终借助班集体的力量"唤起学生精神成长的内在力量"。这样处理问题的方式，不仅关注到了班集体中个体的差异，还在问题解决的过程中增强了班集体的凝聚力。这种精心设计却又了无痕迹的问题处理方式，凸显了班主任熟稔、高妙的道德智慧。

其次，胡老师以平等、平和的心态与学生相处，考虑学生的需求，以爱和包容积极构建和谐融洽的师生关系。对于小浩同学，胡老师并没有以先入为主的印象将其定格在脑海中，而是在其同桌对小浩评价的基础之上看到小浩更多的方面。军训期间的"活泼可爱"，同桌眼里以前的小浩，以及开学后不做作业的事实，都成为胡老师理性认知小浩同学的素材。在面对一而再再而三无故不做作业的小浩，胡老师并没有带着负面的情绪去处理这个问题，而是始终以积极的心态、发展的眼光去看待他。语文老师对小浩的评价，小浩家长与胡老师的电话沟通，都表明胡老师在多方寻求小浩进步的证据。即便在面对小浩未完成作业与班级约定发生冲突时，胡老师也是以更多的爱和包容去替小浩解围，防止事情最终滑向伤害小浩及其家长自尊的地步。这种"心中有爱，眼中有人，口中有德"的道德智慧彰显着一个从业 30 年教龄的教师的教育魅力。

以上两位不同班主任老师在班集体常态工作的处理中表现出迥异的处理方式，在根本上体现了班主任道德智慧境界的高低。这种道德智慧经验的汲取，自然需要时间和经历去累积，但从另一个方面来说，班主任道德智慧所彰显的理论力量亦在不断自我显现，理论的召唤需要我们把目光投向更为深邃、更为理性的视域。

理论与应用

◎ 理论导航

马克思说："人本身是人的最高本质。"也就是说，人的终极意义和价值是为了最终成为"人"本身，人作为生命体的一切实践活动都是为了这个目的而存在、进行的。成为"人"本身，即人"自我实现"的一个过程。美国人本主义心理学家马斯洛将人的自我实现的需要视为人的最高需要。人在心理上能够获得不同层次的需要，也就在生命实践的过程中不断抵达人的本质。但成为"人"的过程并不是超越历史和现实的，更不是抽象的，它是处于一定历史环境中的，具象化的。在具体历史环境中，学者鲁洁认为，"要成为人，当然就要走在'人道'——'成人之道'上，而道德则是人走上成人之道的应有之义"。又认为，"在生活论的视域中，道德就是人们所选定的特定的生活价值，为的是要用它作为参照点来确定生活的方向和道路，使人能够生活得'更像一个人'"。也就意味着，人在"自我实现"抵达人本质的过程中，对道德的觉醒和选择至关重要。对于中学生而言，初高中阶段正是其世界观、人生观、价值观形成的阶段，这个阶段对于他们完成整个生命的"自我实现"是尤为重要的。正确的道德引导和教育，有助于他们树立正确的道德价值观，并在此基础上完成道德的觉醒和选择，从而为实现其沛然的生命引领航标、坚定信念。班主任作为中学生的人生导师，在道德的引导和选择上，就必定要具备相关的道德素质及道德智慧，因为教育的初衷就是"唤醒人的教育"，"成全人的教育"。学生有了道德觉醒和选择的需要，我们教师就应该具备相应的道德智慧。

那么，何为"道德智慧"呢？由概念出发，"道德智慧"即"道德"方面的智慧。"道德"的世俗存在形式是"善"，在某种程度上说，"道德智慧"是使"善"得以产生和保持下去的内在基础，"道德智慧"即"善"的智慧。美国发展心理学家加德纳在扩展研究人的智慧时，将"道德智慧"视为人的第十种智慧，他认为"道德智慧"即是那些有助于人类生活尊严的能力或倾向，或是个人对这些方面的立足观点。在他眼里，"道德智慧"即是一种有助于人类自我完善的判断力和实践能力。学者刘惊铎认为："'道德智慧'是个体人对周围关系世界的融通领悟力，它是一种具有统摄性、圆融性的领悟力，而不是分析性的知解能力。"学者吴安春认为："道德智慧是一种恰当地处理人与自然、人与社会、人与自己之间关系的意识和能力。概括地说，是一种知物、知人、知己的综合意识和能力。它发端于人对宇宙、生命、生活、人生的意义和价值的深切关怀和理解，是建基于广泛的人类知识、智慧大厦基础之上的。它是一种最高境界的道德。它在贯通自然、宇宙、社会及人生的基础上，融合了道德理性和道德非理性，是一种适度、和谐、圆融的精神境界。"学者韩东屏在《论道德教育的方式与现代转向》一文中也提到对"道德智慧"的理解："道德智慧可以理解为在复杂的情况下仍能做出正确道德判断的能力。"学者张茂聪在《道德智慧——生命的激扬与飞跃》一文中对"道德智慧"做出如下解释："所谓道德智慧也就是人们运用道德知识、道德经验和能力对自己和他人、社会、自然关系的积极的道德审视、道德觉解、道德洞见，并对他人、社会、自然给予历史的、未来的多种可能性关系的明智、果敢的判断和选择。"

揆诸众说，以上学者是以跨学科的宏观视域对"道德智慧"进行理论辨析考察，以期在学理上为"道德智慧"寻求自身的显明。当然，以上学者的理论研究最终的落脚点都是回归教育学这一学科领域，而且理论涵盖的言说对象更多的是投身教育的一线教师。将"道德智慧"贯注到德育教学中，为当下的学校德育实践提供理论支撑点，是以上学者理论剖析的一般思路。在这种思路的启发下，已有部分一线德育教师将理论自觉运用于德育课堂实践，取得了不错的德育反响。江苏省南京市长江路小学的陆敏老师自觉将教师的"道德智慧"融合进自己的德育课堂，通过"真正的友谊""我们小点儿声""不和烟酒交朋友"三个课例的展现，凸显了教师"道德智慧"的生成过程。

对于班主任老师而言，"道德智慧"既是侧重在班集体常态管理中班主任所表现出的一种圆融领悟力以及在班集体常态化工作中能够做出正确道德研判的能力，更是一种能够运用道德知识、道德经验及道德能力智慧地处理班集体常态工作的实践能力。在形形色色、千差万别的班集体中，复杂情况肯定会时有发生，但对班主任工作而言，这可能都是常态化工作。班主任面对班集体中发生的这些复杂情况，需要有一种圆融的领悟力。这种圆融的领悟力通俗来讲就是班主任对已发或未发情况的一种"嗅觉"能力。道德研判的能力是在领悟力基础之上对已发或未发情况做出道德判断的能力。对于班集体常态化工作中出现的问题，最终都是需要班主任老师运用合理的、适当的、圆融的方式方法去解决的，这种运用智慧去解决问题的过程体现了班主任的实践能力。不管是领悟力、研判力、实践力，都是需要班主任老师自觉、自主运用"道德智慧"的。

❀ 行动研修

孟子曰："君子深造之以道，欲其自得之也。自得之，则居之安；居之安则资之深；资之深则左右逢其源，故君子欲其自得之也。"就是说，君子要按照正确的方法深造，是想使他自己获得道理。自己主动获得的道理，就能牢固掌握它；牢固掌握了它，就能积蓄很深；积蓄深了，就能左右逢源取之不尽，所以君子想要自己获得道理。对于班主任老师而言，如果想要在专业发展的道路上深耕前行，必定也要按照正确的方法深造，使自己获得道理。通过理论的学习，班主任老师融通地掌握教师的"道德智慧"，就能在班集体管理中少走弯路，甚至运用自如。班主任老师在借"他山之石"时可以在以下方面进行专业"攻玉"：

一、在学习中不断完善自身的道德智慧

教师的道德智慧在学理上是作为一种方法论出现在教育教学视域里的。对于所有的班主任，尤其是年轻班主任而言，只有通过系统的理论学习，"深造之以道"，不断增强自身的理论修养，才能在实践中不断获得有源之水、有本之木。除此以外，有长期班主任工作经历的班主任老师身上也蕴藏着能量极大的道德智慧。这种道德智慧虽然大多未上升到理论层面，但经过时间洗礼和实践验证的经验特质亦同样具有现实的指导意义。正如上文案例 2 中的班主任胡老师。胡老师在处理班集体常态工作中所展现的精神风貌，所采取的方式方法，对事件处理的拿捏分寸，处处都闪现着经验智慧的光芒。作为年轻班主任，如果能够虚心向身边这样的班主任老师多多请教，自身的道德智慧亦会慢慢积蓄。正如学者谢广山所言："教师的道德智慧是一个不断历练和完善的系谱。"只有不断地学习，这个系谱才能越来越完善。

二、在德育实践中始终秉持以人为本的理念

著名教育家鲁洁在《教育的原点：育人》一文中，一直强调教育的基点是现实的人，而不是抽象的人："在生活世界中，'人'不是由符号、图像、逻辑所构成的抽象、笼统的存在。他既不是有着固定不变共同本质的'类存在物'，也不是离群索居的'唯一者'。他是处在一定条件下进行活动的具体的、通过知觉实际被给予的，能够在经验中观察到的'现实的人'。"这种

"现实的人"既是承载生命的个体存在，亦是现实单个的社会存在。他们每一个个体都拥有鲜活的生命，都拥有作为生命个体的个性化、自主性特征。对于中学生而言，在道德心理上，他们也都具备一定的道德认知、道德观念以及道德情感，所以我们班主任老师在面对中学生进行道德教育时，要始终秉持以人为本的理念，做到眼中有人，切不可拿着道德的话语权和戒尺去进行粗糙的道德说教和训诫。

以人为本除了要将学生首先看成是鲜活的生命个体，还要洞察学生的心理需求。现实的人都是有生命的人，有生命的人也都是有心理需求的人。人本主义心理学家马斯洛将人的需求划分为生理上的需求、安全上的需求、情感和归属的需求、尊重的需求以及自我实现的需求。中学生作为现实中的、鲜活的个体人，自然也有这些需求。我们班主任在面对他们时不能无视这些作为人的正常需求，而是应该想办法去洞察他们的心理需求，进而选择合适的德育方式。《初中生品格发展水平与成长需求分析》一文中引导我们要认识到："每个生命都是一个整体，每一个连续的时期都是上一阶段的进一步发展。因此，依循初中生成长的节奏和发展任务，为他们提供符合其成长需求的环境，并适时给予协助、引导，才能使初中生的品格发展更加完善。"这正是"以人为本"做法的理论指导。

三、在德育实践中始终注重在场感

在场，即在一定时空条件下的现实真实发生。

首先是德育对象的真实在场，也就是上面第二点提到的，要把学生看成是具有鲜活生命的、现实的个体人。此时，班主任与学生之间应该是一种平等的、主体间的关系。在这种关系状态下，主体与主体（班主任与学生）之间是可以平等交流对话的，而不是主客二分，演变成主体对客体的关系。这一点的在场感强调的是班主任眼里要有"人"。

其次，是理论的在场。班主任运用道德知识、道德观念等对学生进行道德教育，不能仅仅是抽象的道德知识、观念的灌输，而应该是让理论在现场"活"起来。让理论"活"起来，具体来说就是，在具体的道德事件中引导学生将道德知识和理论自觉地内化为自我的认知。学者张茂聪认为，"道德智慧的实践性和创造性的本质特性，必然要求学生在智慧型教师的引领下，在学生主体自我道德经历、体验、积淀、生成的过程中，将道德知识和理论自觉地内化、升华为道德智慧。在道德事件中生长，是道德智慧的最生动、最理想的生成与成长方式"。道德教育就是在一系列突发的、具体的、个性化的、不规则的、未经设计的、流动的耦合道德事件中生成与成长的，学生在在场情景中自觉获得道德知识、明晰道德观念、升华道德情感、开启道德智慧以及树立道德理想。

在场的反面即是不在场。道德事件一定是在具体的时间流中发生的。错过了道德事件发生的在场时间，再去进行道德教育就是不在场的教育。由于大脑遗忘的生理机制，班主任和道德事件中的学生就很难在时间延宕之后再对当初事件发生的情景做出清晰的回忆。此刻，不在场的教育效果就会大打折扣。所以，我们班主任的道德教育一定要在道德事件发生的时间间距内来进行，也就是说要善于抓住"教育时机"："班级生活是丰富多彩、变化着的。鲜活的班级生活为班主任教育学生提供了各种丰富的教育时机。抓住这些有利的教育时机，充分运用教育的智慧，唤醒学生内在的力量，往往可以起到意想不到的教育效果。"

第四章

实践生发：学科教师道德智慧的现场演绎

第一节 课堂提问

问题与分析

问题直击

案例 1

下课铃响了一会后，第一年参加工作的地理老师小高垂头丧气地回到办公室，与上课前自信满满的她形成了鲜明的对比。究竟发生了什么呢？在课堂上讲述以长江为例的河流地貌时，小高老师提问学生："中国地势被哪些山脉分为三级阶梯？"在小高老师看来，这对于高一的学生而言是一个极其简单的问题，因为她备课时特意查看了初中地理教材，这应该是重点学习的内容，谁知道整个教室鸦雀无声，她点了十来个学生回答，竟然都回答不上来。于是，小高老师就说："这都是初中所学的内容，你们竟然都没有人知道吗？"回应她的依旧是沉默。小高老师忍不住说："看来你们初中都没有好好学习地理，原来是我过高地估计了你们的地理基础了。你们现在可别当还是初中时候，把地理当副课，以为只要勾勾画画，考前背一背就好了⋯⋯"因为小高老师的这番话，这节课学生学习的参与度不高，没有积极性，原本预设的教学任务也没有完成。

案例 2

语文课上，钱老师正在给学生讲述课文《雪儿》的梗概：爸爸捡回来一只受伤的小白鸽，让腿受伤的"我"照顾它。"我"从爸爸那里懂得雪儿是"蓝天信使"，期盼它展翅飞翔。当学生们沉浸到故事中，并且能声情并茂地朗读课文时，钱老师知道学生们已经融入文本，已经能感受到故事中"我"内心情感的不断变化和美好的心灵。于是在读到"雪儿又飞回阳台，转着圈儿咕咕直叫"时，钱老师发出疑问："雪儿伤好了，终于飞起来了，可为什么还要飞回阳台呢？""雪儿飞回阳台，围着'我'转圈，是舍不得离开'我'呀！"许多学生都一下子就体会到了。钱老师继续引导，"雪儿转着圈还咕咕直叫，它是想对'我'说什么呢？谁愿意当一回鸽子语言的翻译员呢？""唰唰"举起好多只手，学生们个个跃跃欲试，课堂气氛活跃了起来。

🦋 问题诊断

案例 1 中小高老师的课堂提问显然是无效的，可以说这是一次失败的课堂提问。她的预设是从教材出发，并没有真正关注作为学习主体的学生。小高仅仅了解了初中教材，就此做出学生理所应当已经掌握该知识的推断，是不准确的。这是很主观的一种判断，不仅仅是在工作第一年的老师课堂上容易出现，一些有一定教学经验的老师有时也会有这样错误的判断。"我这个知识点，昨天才讲，今天提问你就答不上来？"类似这样的话语，有时透露的不仅仅是学生学习效率低，也表明老师对学生学习情况的不了解。

当课堂提问遭遇举班沉默时，作为新教师的小高，因为经验缺乏，不能在及时接收到学生无法调动相关知识积累这一信息时，耐心地把这个问题分解成若干小问题，来为学生的学习铺设台阶，而是责怪学生初中没有好好学。这样一种批评，是提问后对学生的一种评价，很明显这一评价又是一种想当然：初中的知识，你们不会，那肯定是你们没有认真学习。这样的提问评价，不是一种平等的对话，会影响师生关系，所以小高接下来的教学，学生的参与热情明显欠缺。

课堂提问应以学生为本，充分地了解学生的知识储备、学习状态、心理感受等多方面的信息，与学生的实际接受能力相结合，把握好深度和广度，把握好问题中知识点与所学内容的关联性，以引导和启发学生为主，而不是为了难住学生。这样的课堂，师生交流融洽，课堂氛围和谐，有利于打开学生思维的大门，使其迸发出独特的灵感。

阅读教学是学生、教师和文本之间的对话过程。在阅读课上，学生的第一要务就是与文本对话，与作者交流，从而内化课文的丰富内涵。对教师而言，可以采用有技巧的课堂提问这一教学手段，引领学生进入相关情境，与文本、作者、同伴展开对话。案例 2 中的钱老师深谙课堂提问的技巧。她先引导学生感受文中"我"的感情变化，在学生融入课文后，提出对"雪儿飞回阳台"的疑惑，紧接着提问："雪儿咕咕叫是在说什么呢？"此时此刻，学生们已经不知不觉地把自己融入角色，迫切地想表达自己心里的想法，扮演"鸽子语言的翻译员"也就水到渠成了。通过这一系列的提问，学生深切地感受到了雪儿和"我"之间结下的深厚情谊和难舍难分的情感。可以说，钱老师的提问非常有智慧，她从情境出发，结合具体文本，激发了学生的想象力，提升了学生的感受力，让学生进一步体会到动物也是有感情的。通过这一教学活动，学生可以感受到钱老师对动物的关爱、对自己的关爱，而这样一种情感也会在潜移默化中影响学生。富有道德智慧的老师，总能在传递知识的过程中，提升自己和学生的道德生命和智慧生命，形成高尚的道德人格境界。

陶行知先生说过，知识是学来的，智慧是生成的。课堂不仅仅是传授知识的地方，更需要生成智慧。学生的成长体现着教师的道德智慧。透过课堂提问，教师的道德智慧应该体现为一种适度、和谐、共处与共生的智慧，或者说是一种知人知物知己的综合意识和实践智慧。

理论与应用

◎ 理论导航

教育是一项具有道德性的实践活动，它要关心人、帮助人、促进人的身心健康发展。学生作为生命个体，通过教育活动而成长为社会需要的人。教师作为教学活动人格化的实施者，以关心下一代成长为职志，其职业的本质特性是影响人的心灵，提升人的道德境界。也就是说，教育要挖掘、培植和开启人的道德智慧，学校道德智慧教育主要依靠教师来落实完成。

新课程标准认为："道德存在于生活，生活是道德存在的基本形态。或者说，道德就是人所选择的生活方式，……道德的基本问题是'人应当如何生活'的问题。"[1] 由此可见，撇开具体的生活和生活方式就无所谓道德，也

---

[1]　鲁洁.道德教育的当代领域 [M]. 北京：人民出版社，2005（1）.

就无所谓道德智慧。课堂学习的过程是师生的一种生活样态。

2017年版《普通高中课程方案》要求在课程实施过程中，大力推进教学改革，"准确围绕课程标准和教材，围绕核心素养展开教学与评价"，"关注学生学习过程，创设与生活关联的、任务导向的真实情境，促进学生自主、合作、探究地学习，注重对学生学习过程的评价"。课堂提问，言下之意，就是教师在课堂教学中提出问题并让学生回答的一个过程，是课堂教学中至关重要的组成部分。它既是教师调节教学节奏、考查教学效果的手段，更是促进学生主动参与课堂学习的有效途径。课堂提问能培养学生积极思考问题的习惯，提升学生课堂思维的活跃度，并培养学生的独立性和自主性，进而提高其探究、批判和创造的能力。可以说，课堂提问是培养学生核心素养的现实途径。同时，多样性的提问形式和人文性的提问内容顺应了课程改革的需求，有利于促进学生知、情、意的进一步发展。

布鲁纳说："教学过程是一种提出问题和解决问题的持续不断的活动。"从课堂提问发展的历史脉络来看，提问这一教学方法由来已久，有一定的理论基础。在西方以苏格拉底的"助产术"最为著名。我国早在春秋时期，孔子就提出"不愤不启，不悱不发"，以及《学记》中提出的"善问者如攻坚木，先其易者，后其节目，及其久也，相脱以解"。这些教育家的金玉良言都为课堂提问的方式、内容、类型和策略奠定了深厚的理论基础。

布鲁姆按照不同的层次，将提问分为以下几种：

1. 知识性提问

这是一种最简单的提问方式，主要考查学生概念等识记性基础知识的掌握情况。这是一种知识性提问，不需要进行深刻的思考，学生回答此类问题，只需回顾已经学过的知识，进行简单判断即可。

2. 理解性提问

此类提问多用于概念、原理讲解之后，或复习阶段，一般是通过学生自己的言语描述或解释事实、事件和程序来检查学生对已学知识及技能的理解和掌握程度。此类提问，是较高级的提问，其目的是了解学生的真实学况，考查其是否真正理解所学内容。

3. 应用性提问

该提问方式是为了检查学生的举一反三能力，即考查他们在新的问题情境中能否运用所学知识来解决问题的一种提问方式。其目的是提高学生在遇到新问题时能够合理利用新知识来解决的能力。

4. 分析性提问

该提问方式指向知识的逻辑性，是要求学生通过对知识结构因素的分析，厘清概念的内在联系，并最终得出较为准确的结论的提问方式。回答这类问题时，学生需要真正理解概念的内容和外延，识别条件与成因，并找出彼此之间的关系。这需要学生主动探究，寻找依据，进行解析和甄别。

5. 综合性提问

这一提问方式要求学生在发现知识逻辑关系的基础上把教材内容的概念、规则等根据自己的理解进行重新组合。综合性提问往往需要学生能够预见问题的结果，以激发学生的想象力和创造力。

6. 评价性提问

评价性提问方式要求学生根据所学知识，针对具体问题，运用准则和标准来进行比较和选择，并做出价值判断。课堂教学中的具体问题通常指思想观念、作家作品、方法资料等。

在课堂教学过程中，以问题为中心组织教学是一种重要而有效的教学手段，教师可以根据具体情况选择适当的提问方式，创设合理的问题情境，精心设计有效的课堂提问。它是激发学生独立思考、主动探究、自行发现、掌握知识、提高学习能力的重要方法，是教师输出信息并获得反馈信息的重要途径，是沟通师生思想、认识和情感的主要渠道。它对教师驾驭课堂、调动学生积极性、优化课堂教学起着十分重要的作用。课堂提问的目的概括起来有以下四点：指明思维方向、创设思维情境、获得反馈信息、大面积提高教学质量。

高二数学课，在教授"圆锥曲线"中"抛物线"这一知识点时，青年教师小许设计了这样的提问："同学们在初中已经学过抛物线，今天我们来了解一下抛物线的图像和性质。请大家说说初中所学抛物线上的点具有怎样的数量关系。"在此基础上，小许老师带领学生温习并且明确了"平面内与一个定点 F 和一条定直线 l（l 不经过点 F）距离相等的点的轨迹叫作抛物线，点 F 叫作抛物线的焦点，直线 l 叫作抛物线的准线"这一内容。小许老师的提问似乎是成功的，在联系学生初中所学知识的基础上，引导学生一起回忆初中所学的相关知识点，使得学生明确与抛物线相关的一些概念。但仔细思考一下，我们可以发现，事实上学生的回答仅仅是一些浅层次记忆性知识，这些回答并没有表明他们真正理解。而根本原因，则在于小许老师的提问只是就事论事，问题指向停留在想要讲授的概念知识点上，没有把数学概念的图像、性质生活化。这样的提问，使得抛物线概念的生成很生硬，不利于发展学生的数学抽象和数学建模素养，也不利于引导学生用数学的眼光观察身边的生活。由此可见，这样一种课堂提问，虽然唤醒了学生原有的知识积累，与教授的新知识有衔接，但从思维角度来看，它缺少足够的思考空间，没有着眼于学生的发展，更多的还是停留在识记的能力范围内。

新课程改革，越来越注重学生核心素养的提升，重视以学生为主体的课堂教学的构建。这就要求课堂提问不仅是一种教学"技术"，更是一门解惑、思辨、探究和收获的教学艺术。布鲁纳提出，任何学科的基本原理都可以用某种正确的方式教给任何年龄阶段的任何儿童。他强调教师在教学中"尽可能保留一些使人兴奋的观念"，同时"引导学生自己去发现它"，鼓励学生像科学家那样去学习，去探索。教师通过提问来创设教学情境，引导学生思考问题，并且发现和提出新的问题。这种教学过程看似一问一答，实则背后蕴含着教师的教学智慧以及对动态课堂的驾驭。

苏霍姆林斯基说过："学生来到学校里，不仅是为了取得一份知识的行囊，更主要的是为了变得更聪明。"并且认为，"人的心灵深处，都有一种根深蒂固的需要，就是希望感到自己是一个发现者、研究者和探索者"。教师不仅传道授业解惑，同时对学生道德的养成有着启迪、引领、示范的作用。"教师的道德智慧，是一种适度、和谐、共处与共生、圆融的智慧，是一种实践智慧，是一种对时间、地点、方式是否恰当的判断能力，以及在恰当的时间、地点、方式下做正当的事的能力。"[1] 教师道德智慧的引领在学生的道德的养成过程中至关重要，这就要求教师必须是一个有道德智慧的人。教师的道德智慧是在教育教学活动中发展的，与学生的发展具有一致性。

❋ 行动研修

问题是思维的起点，也是思维的动力。提问是一个双向的过程，拥有道德智慧的教师总是有能力在课堂上自如运用"提问"的艺术来引导学生思考，启迪学生的心智，从而通过思维训练的方式，在习得新知的同时能够获得全面发展。想要达成这样的目标，必须遵循一定的课堂提问原则，并采取相应的课堂提问策略。

一、课堂提问的原则

（一）全局性原则

全局性原则，是基于现代系统论统一性原则，依据课程教学的理念、目标和学科特征提出的课堂提问原则。现代系统论的统一性原则认为：一切对象都是一个具有综合效应的有机整体。其具体内涵是指教师在设计课堂教学问题时，不仅仅要考虑某个具体的知识点，还要关注知识点所在的单元或者专题，有时还应该考虑该学科的特质及其在某学段的教学要求和内容。这样设计的问题能使教学内容形成一个有机的整体，在整个教学过程中，相关的学科知识可以相互照应，促进教学目标的更好达成。

（二）主体性原则

以道德智慧为主题的教育，尊重人的生命内在的道德吁求，强调从人的道德经验情感和真实情境出发，发展人的道德信念、道德行为习惯和创新能力。因而，课堂教学这一道德实践活动中的提问环节必须遵循主体性原则。

学生是学习活动的主体，是主动的发现者和探索者，这是新课改的一个重要理念。在课堂提问中，教师是课堂活动的引领者，而学生才是课堂活动

---

[1] 陆敏. 镜像策略：漫谈教师道德智慧的生成 [J]. 教育视界，2019（1）：61.

的中心，因此教学问题的设计必须充分考虑学生的基本情况，包括知识积累、学习能力、兴趣爱好和性格特点等方面。在师生共同探讨问题的过程中，只有教师关注学生、读懂学生，尊重学生的思维发展水平与差异，学生才可能更加积极主动地参与课堂互动，拓展思路，活跃思维，真正成为课堂的"主人"。

（三）层次性原则

所谓问题的层次性，是指教师在设计问题的过程中，要重视设置问题循序渐进，根据认知规律提出问题。学生学习的发展过程总是从简单到复杂，从具象到抽象，由已知到未知，学生在学习过程之初往往是运用自己已有的知识经验，这就要求教师在学习的不同阶段设置不同层级的问题。同时需要充分考虑学生现有的学习能力，注意问题设置的难易程度，以及同一内容在学习过程中的逐步加深，有梯度地对问题的层级进行提高。这样的教学方式能够激发学生的学习兴趣，让学生感受到自我能力在学习过程中的发展与提高。

比如，在教学《涉江采芙蓉》一文时，可以分层次设计以下问题：首先，通过反复诵读，根据自己的理解，用散文化的语言描述诗歌的内容；其次，根据文本内容，体会诗歌所表达的情感，分析这首诗的抒情主人公是谁；最后，小组合作探究，思考为什么诗人选择使用采"芙蓉"这一表达，而不是采"荷花""莲花"或"芙蕖""菡萏"。第一个问题仅仅是要求学生从文字的表面来理解诗歌内容。第二个问题则是引导学生赏读具体的诗句，通过对抒情主人公的判断，体悟诗歌的情感。最后一个问题，探究了诗歌在不同的语境下对词语的选择，需要调动学生原有的知识积累，指向知识的运用与迁移，引导学生从感性积累上升到理性认识，在习得解读诗歌方法的同时，训练学生的逻辑思维能力。

（四）指向性原则

教育的方向性、目的性本身就是一个道德誓言，作为教育活动内容之一的课堂提问也是教师教育道德性的具体体现，具有指向性。

指向性原则，就是指教师问题的设计要简练、具体、明确，具体而言就是问题要有针对性，语言表达在顾及学科特点的基础上要准确、简洁，问题思路要清晰，要让学生明白教师到底在问什么。课堂提问的主要指向应该是思维训练，不能为了提问而提问，要问有所思、思有所获。可以设想，若是教师的问题表述含糊不清，或是问题过于宽泛，不具有针对性，学生势必找不到思考的方向，或因方向太多答案五花八门，达不到预期的教学效果。

初中一语文老师在执教朱自清的《背影》一文时，提了这样一个问题："文中父亲的背影让作者理解了父亲对自己的真爱，那么你和你的父母、长辈之间，是否也有过相似的故事呢？"长时间的沉默后，有同学开始举手发言，紧接着好几个同学都讲述了自己的故事。有一位同学讲述了自己和已经去世的奶奶的故事，深深地打动了同学们。再回到《背影》，同学们很准确地理解了文中父亲对作者的爱，也读懂了作者内心的懊悔与自责。这位语文老师的提问，指向学生自己的生活，为他们创设情境，引导学生去感受与作者相似的生活经验，借此缩短了学生与文本的距离，破除了读者与作者的隔阂，与作者进行心灵的对话。一次指向性明确的提问，带给学生的是鲜活的教育。

（五）"时空性"原则

所谓时空性原则，是指教师在课堂提问时对于时间和空间的把控。在提问时间方面要注意问题的密集度，留给学生充分的思考时间，切忌老师自问自答。提问应与学生思维同步，因为学生思维积极活跃，适时提问，可以充分利用思维趋向性的驱动力作用。空间性则要求教师在问题设置上不要局限于某个知识点而要留出相应的思考空间，以便学生在思考具体问题的同时能够完成相关联知识的整体架构。同时，思考时间和思考空间的相辅相成能够构建出更广阔的想象空间，以充分发挥学生的想象力、创造力，从而提高其综合能力。

二、课堂提问的策略

（一）情境式提问

情境式提问是指教师在创设具体而又生动的情境下，根据所授内容的特点与学生学情来设计课堂教学问题的策略。生动形象的情境易于激起学生学习情绪，它充分调动学生的学习积极性，增强他们自主学习和自主探究的能力，进一步促进教与学的和谐统一，这也正符合新课程的要求。在教学中，只要根据学生的年龄特点和心理特征，设置适当的情境，就能够引起学生好奇、好动、好问的心理特征，唤起学生的情感共鸣，激发学生思考的欲望，从而获得最佳的教学效果。比如《普通高中数学课程标准（2017 年版）》指出，"基于数学学科核心素养的教学活动应该把握数学的本质，引发学生思考与交流，形成和发展数学学科核心素养"。此处的"创设合适的教学情境、提出合适的数学问题"就是情境式提问。数学是思维的科学，有很多抽象的概念。在教学过程中可以通过引入生活化的情境，来激发学生学习并理解概念的兴趣，从而达到培养学生数学核心素养的教学目的。

（二）启发式提问

启发式提问需要教师根据教学内容、教学目标、学生的知识水平等方面，采用诱导、启发的形式进行提问。在问题的设置中，用启发式的问题，不预设答案，直接告诉学生答案，可以抓住关键的细节提问，针对问题的矛盾处提问，或者对即将出现的猜想进行提问，引导学生主动观察、思考，以达到传授知识，激发想象，培养学生分析、理解能力的理想目标。

比如，在执教小说《祝福》一文时，可以设置问题——祥林嫂是如何死亡的，启发学生根据文中的相关内容，找出祥林嫂死亡的真正原因。一开始，可能有学生简单地认为祥林嫂因贫穷、饥饿且寒冷而死亡，深入探究之后，又认为是被鲁四老爷、四婶、柳妈等人逼迫致死，在梳理了祥林嫂后半生的遭遇之后，学生真正认识到在当时的社会中，祥林嫂一步步地失去了她作为女儿、妻子、母亲的身份，在人伦关系中丧失了为人的权利。

（三）任务型提问

任务型提问是指教师在一定情境下设置问题时根据课堂内容、学情等综合因素布置具有明确目标指向的且能够操作的任务。学生在完成任务的过程中以参与、体验、互动、交流的方式，充分调动自身已有的理论知识，在实践中感知、应用、理解、体悟，从而获得在学习中的归属感和影响力。形式多样的任务内容能够激发学生的学习兴趣，培养学生的语言运用、实践操作、合作探究、思考决策、想象创造等能力，以促进学生的全面发展。

比如，某老师在教学《始得西山宴游记》一文时，可以设置以下三项任务：任务一，发现柳宗元宴游的真相，根据途径探究柳宗元"诸山之游"与"西山宴游"的差异。任务二，探究西山之怪特之处，阅读文章，简要概括西山的怪特之处。任务三，参与西山文化设计，解读"西山文化"的内涵，撰写一段500字左右的文字，解读"西山文化"之精髓。

课堂提问是维持课堂教学秩序、进行课堂教学管理的有效手段，在提高学生对课堂的参与程度的同时，有利于活跃课堂气氛，拉近师生距离。优化课堂提问，有利于帮助学生建立思维程序，构建成长型思维模式。在课堂提问中，还应注意教育的公平性，考虑学生的个体差异，设置适当的追问环节，并做出相应的评价，引导学生发现问题、提出问题，在和谐的师生互动氛围中，有心无痕地促进师生双方的道德成长。

第二节　作业批改

问题与分析

问题直击

案例 1

上完早读刚刚回到办公室，教我班政治的王老师就拿着几本作业本怒气冲冲地向我走来。"看看你班上的李某某，作业越来越差，字写得像画的符，没有一个看得清楚的。我都提醒他多少遍了！还有这几个同学的作业是一模一样的，估计是抄的！"我看了一下王老师递过来的作业本，的确字迹很潦草，已经不是一个"乱"字所能概括得了，难怪王老师生气。李某某的字的确不好，不过交给我的作业，还是能清晰辨认的，写得这么潦草我也是第一次见到。"你找过他了吗？"我问王老师。"我之前就找过他，要求他把作业的字写端正，可交上来的作业还是这样！我都已经两次发给他重做了！一点进步也没有。""昨天我又提醒他了，把字写端正。真不知道这些孩子怎么想的，还有这几个作业雷同的，我要让他们重做。"王老师又递给我几本作业本，其中有几本写着"抄袭"的作业本让我很意外。我把李某某和其他几个同学的作业本都留了下来，对忧心忡忡的王老师说："这事我来处理吧。"

仔细翻看李某某的作业本，我发现，对于作业的批改，有十来年教学经验的王老师习惯用"√"或"×"来判断正误，批完后再打上一个等级。李同学的字不好，有时做对了，等级也就是及格。王老师批改作业挺认真的，看他书写不好，就在作业下面写了评语，如："字太潦草了！""书写太乱，重做！""好好写字！"然后我又翻看其他几本作业本，发现作业雷同的地方都被王老师用红笔圈出来了。仔细翻看这些作业，我还发现一个共性问题，这次几位同学的字都写得比之前潦草。我想起因为美术老师外出参加培训，前一天的美术课和物理课对调了，上午数学英语生物地理，下午语文物理历史，七门课的作业量真的很多。之后我通过与学生的个别交流了解到，他们由于来不及完成作业，又怕被责骂、被惩罚（因为不能按时完成是要罚做更多作业的）就抄了其他同学的作业。而字迹潦草的李某某，则表示自己也想写端正，但他写得再怎么认真，依然是王老师眼里的"潦草"，依然是不太认真，因而也就有些"就这样吧"的想法。

案例 2

下午课间，数学课代表来办公室找班主任张老师反映一件事：今天数学课上惠老师又讲错了一道题，这周已经讲错两次了！课代表的语气里带着些微的担忧和不满。今年刚刚参加工作的小惠老师承担高一年级两个班级的数学教学工作。每班五十位学生，每天要批改一百本作业，加上数学学科的重要性，作业量并不少，除了要批改当天的作业，还要检查学生的纠错本，课间还常常有学生去问问题。而且根据学校要求，小惠还须每天听课，有时还有其他政治学习、青年教师培训等活动，小惠能用来静心备课的时间并不充足。常常夜里十点了，他还在备课。张老师安抚了课代表后，找时间和小惠详谈了一次，了解到讲错的原因在于备课太仓促，未曾注意那道题可以有几种不同的做法。张老师建议他合理安排时间，想办法压缩作业批改的时间，把重心放在备课上。小惠接受张老师的建议，把错题本的检查工作交给课代表完成，然后每周他再抽查一次。调整后，小惠老师的备课时间比之前充裕了。

案例 3

课间，高二 5 班的几名同学拿着一封签着近四十位同学名字的信来到校长办公室，请求校长换掉现任班主任孙老师。青年班主任孙老师是一位责任心很强的老师，她做事认真，也很要强，因而她在班级管理方面，不仅细致而且严厉。班上有同学犯错，她都会严厉地批评教育。只要宿舍扣分，不论分值大小，她急躁起来就会不问缘由地把学生喊到教室门口狠狠责骂。这使得孙老师和班里学生的关系非常紧张。

事情的导火线是一次作业的批改。孙老师在担任班主任的同时，还承担了高二两个班的英语教学，工作量很大。那天孙老师因为外出听课，没有来得及批改学生的默写作业，就安排所教两个班的同学交换批改默写作业。

当默写本发下去的时候，孙老师班上的一位女生发现自己的默写本上被打了好几个大大的红叉，并且在默写作业后面还写着这样一句话：这样简单的词句都不会，真是太蠢了！该女生当时就忍不住哭了起来。这件事激起了全班同学的愤怒，认为孙老师太不负责任了，不应该让同学批改作业，并且允许批改作业的学生写下这样伤人自尊的评语。于是，就出现了开头的那一幕。

问题诊断

作业批改作为评价形式中重要的环节，对于教学的开展和改进有重要意义。通过批改学生的作业，教师能够了解学生对所学内容消化理解的程度，发现学生学习中存在的问题，有利于了解教学中的薄弱环节，调整教学内容和进度，以便及时采取措施补救。

案例 1 中，王老师是一位工作认真负责的老师，她所采用的"全收全批"这种批改作业的方式目前在学校比较普遍。这种批改方式以教师为主体，教师能全面检查学生作业完成的情况，而且能了解学生作业中出现错误的情况。

王老师通过这种方法，发现学生作业存在两个问题：一是李同学字迹潦草，多次指出没有改进；一是有几名学生作业出现雷同现象。王老师批改符号过于简单，仅有勾叉，而批语也只是"优""良""及格""不及格"，这样可能会促使优良的学生充满信心，但对于非优等生来说，效果并不佳，容易使其产生敷衍的态度。当李同学比之前努力，然而与班上其他同学相比仍然有相当差距而只能获得"及格"等级时必然就会逐渐失去信心，失去努力的动力。面对李同学的作业，我们可以发现，王老师还采用了评语式批改。作业批改中教师的评语是师生情感交流的重要渠道。可惜的是，王老师的这些评语并没有起到激励该生的作用。王老师的"字太潦草了"等评语，虽然指出李同学作业的问题，但这样的表达充满了不满与批评的意味，李同学接收到的更多是负面的信息。如果老师能够换一种充满希望的语气来表达，比如"这次作业你的正确率很高，如果书写能清晰一点，那就更好了"，让李同学感受到老师的关爱与期待，就可以激励他更加积极、认真地来对待这份作业、对待这门学科，这样能减少他的学习压力，激发他的学习兴趣。

而另外几名同学出现了雷同作业，王老师仅仅是判定"抄袭"这个结论，就简单粗暴地以"重做"作为解决问题的手段。这样的作业批改，显然只是停留在学生作业现象本身，并没有深入探寻原因，抓住教育契机，借此教育学生，来解决类似的问题。而抄袭出现的原因之一，是当天作业多、时间紧，一些学生由于不堪重负，又不敢违命，为了应付老师，只有走捷径——抄袭作业。"抄袭"既省时间，又省脑筋，还不受批评。但长期抄袭作业不但不会增长知识，而且会使学生产生依赖心理，养成不良的学习习惯，有百害而无一利。王老师在批改作业的过程中发现了这一问题，可惜并没有在正确归因的前提下思考解决这一问题的对策。这种批改，仅有简单符号的标注和简洁文字的结论，不利于学生巩固知识，养成良好的学习习惯，还会影响师生关系，不利于学生道德的养成。

批改作业是师生间的一种心理沟通，通过它教师可以了解每个学生的学习态度、知识现状、学习成绩以及心理个性等方面，并与学生进行更贴近、更实际的感情交流。

数学是一门实践性很强的课程，特别是高中数学，为了巩固课堂所学内容，除了需要在课堂上进行一定量训练外，还需要布置足量的笔头作业。批改作业是数学老师的常规工作之一，是培养学生独立应用所学知识并且进一步巩固和发展所学知识的一个重要教学环节。例2中的小惠老师认识到批改作业对数学课堂教学有着重要的作用，将学生做完的作业收取后逐份批改，他采用了"全收全改"的作业批改方法。实际上，目前普通高中数学教师批改作业大多采用这种批改方式。

从案例2来看，这种批改方式存在以下问题：

第一，负担过重。很多教师都是担任两个班甚至更多班级的学科教学。在这样的情况下，教师如果对每次作业都实行全批全改，就容易出现作业积压、批改滞后的现象。很多时候，作业返回来的时间距离上次交作业的时候已经隔了一段时间，这就造成了严重的后果：学生拿到作业的时候，对作业已经有所生疏，出现的问题不能得到及时解决，做对的地方也不能得到及时的强化。这种情况在一定程度上失去了批改作业所应起到的作用，影响了教学质量。教师用于批改作业的时间往往要多于上课的时间，这样就没有充沛的精力去备课；备课不充分，就会和小惠老师一样，课堂教学质量受到影响。而课堂教学质量不好，又会促使课堂练习和课外作业量增加，无形中又加大了教师的作业批改量，从而在作业批改与教学之间出现了恶性循环。而作业量的增加，有可能致使学生出现抄袭现象，这样教师从作业中获得的关于学生学习情况并不可靠。

第二，信息量过小。所谓的"全批全改"也只能是蜻蜓点水式地标出是正确还是错误，至于对错的原因往往兼顾不到，反馈回来的作业批改的信息很少，这就造成学生拿到作业以后只能知道对错，却不知道其所以然。这样只有简单的正确或者错误的作业反馈，信息量过小，促进学习的功效不大。

第三，学生完全处于被动地位，学生的自主学习能力没有得到发挥。传统的教学模式是老师上课教、课后批改作业；学生上课听、课下做作业，作业的批改方法多采用"全收全改"。即使认真批改后的作业发还到学生手中，大多数学生也只是看一下自己做对了几道题，很少留意错在什么地方，更不会仔细思考作业错误的原因，因而学生在作业当中犯下的错误得不到及时纠正，填补知识漏洞的效果不佳。这样就把问题带到了下一次的学习当中去，就难以形成循序渐进的学习过程。

案例3中的孙老师，采用了同学互批的方式来批改英语默写作业。孙老师是班主任，同时还担任两个班英语教学工作，任务是相当重的，让同学互批作业是一个不错的选择。这种方式以学生为主体，让学生在批改作业的过程中及时发现自己的知识漏洞并及时弥补、巩固。但孙老师的这次作业批改却是失败的，并且由此激化了师生之间的矛盾。从案例来看，这次作业批改方式的选择是临时决定的，并没有预设，或者说没有充分预设，只是因为外出听课后老师来不及批改才选择让学生互批。可以推断，之前默写作业都是由孙老师亲自批改的。因为是临时安排的，所以说安排不够周到。两个班级的同学交换作业批改，在具体实施的时候需要注意点什么？怎么样引导学生在批改其他班级同学作业时能做到认真负责？批改涉及两个班的学生，哪些学生对批改作业这件事会有消极的看法甚至行为？特别是在孙老师和学生关系紧张的状态下，这些都是必须考虑并且需要解决的。可惜的是，孙老师可能只是简单地把作业分发给学生，要求按照正确答案批改，并没有对批改作业这一教学环节做解释和引导。事后，又是简单地收起作业本，没有任何检查就发还给学生本人订正。如果在进行批改之前能考虑到如何激发、调动学生的主观能动性，能引导学生真诚待人，在学生改完之后能检查一遍，能预先处理那条伤人自尊的评语，也许就能缓和她与学生之间的关系。或者孙老师多考虑一下同学互批的范围，比如不是两个班级作业的交换，而是本班内相邻同学之间，操作起来也许更适合。广东省语文特级教师韩宜奋在作文的批改上常常会采取学生互批的方式，但仅限于本班，而且在批改前跟学生明确具体的批改要求，并且一再跟学生强调"真诚"这一原则："你真诚对待他人，他人也会真诚相待。"

理论与应用

◎ 理论导航

　　中央教育科学研究所的年轻学者吴安春认为，道德智慧教育是真正符合生命和生活逻辑的安身立命的道德教育，是建设人的精神家园。这种道德教育使人容易理解、乐于接受、切实可行、终身受益，其真谛是培养共生性的道德智慧型人格，即人成为人。其基本精神是重新认识人的道德潜能和道德学习方式，通过道德智慧融通的道德教育，培养人的知己、知物、知人的道德认识和能力。教师的道德智慧发展是道德教育的关键，而课堂教学活动，尤其是教师对教育教学中某时刻某环节的道德教育意义的认知、体验、反思等尤为重要。

　　威廉·哈罗德·佩恩教授认为，判断教学质量的最新标准在于，教学能够为学生提供多少快乐。教育活动应该给学生一种愉悦的感受，使学生享受学习的快乐。

　　作业是为了完成学习任务由学生独立从事的学习活动，包括课内、课外两种。课外作业是课堂学习的继续，常用来巩固、消化、理解或迁移课上已学过的知识，是课堂教学工作的延续，是教学工作的重要组成部分。作业，作为一个教学环节，包括完成作业、评价作业。不仅完成作业是学生必须做的，评价作业也是学生必须完成的任务，二者不能分开。从培养学生的责任心以及思维、判断、辨别、评价能力的角度讲，评价作业的教育功能是单纯完成作业不能替代的。

　　批改作业是实现有效反馈的重要环节，它不仅可以调节学生学习的行为，也可以调节教师施教的行为。从教的角度看，是教师对作业提供的信息进行判断、消化、整理、挖掘、提炼，据此调整后续的课堂教学计划或进行查漏补缺的教学措施；对学生而言，作业批改既是一种督促，也是一种外部的评价。作业批改方式实际上就是教师对学生的作业进行判断、消化、整理、挖掘、提炼所采取的方式。

　　在 20 世纪中期，布鲁纳的"学科结构理论"和"发现法"原理，布鲁姆的"掌握学习"理论，赞可夫的"教育与发展"实验等一批代表现代教育思想的流派和学说在世界范围内涌现。这些教育思想和观点虽然在理论基础上侧重点有所不同，但在促进学生主体性发展上却有许多相似之处，这一系列主体性教育理论的根本目的是培养和发展受教育者的主体性。做作业是主体的一种探究和回忆过程，而批改作业是教师对学生的探究和回忆过程的引导、帮助、纠错的手段和方法。这就需要教师用科学恰当的批改方式来充分调动学生的能动性、自主性和创造性，从而培养学生自我教育的能力。

建构主义理论强调元认知在学习中的作用，很多学生在解决问题（如做作业）时效率不高，往往不是缺乏知识和策略，而是不知如何、何时使用它们；这就需要教师不断地对学生解决问题的过程进行监视、控制和调节，这同样需要教师对学生的作业进行及时恰当的批改，使学生对自己解决问题的过程进行再认识和适当的调整。建构主义理论强调学习者的自主建构、自主探索、自主发现，并要求将这种自主学习与基于情境的合作式学习、问题解决的研究性学习结合起来，有利于学习者创新意识、创新思维与创新能力的培养。建构主义的评价观认为，评价应由目标自由、情境驱动、依靠学习背景，以真实任务、知识经验建构为标准，评价标准应该多元化。

《课程标准》指出：教师是学生学习活动的组织者、引导者与合作者，作业批改不仅有监督功能、评价功能、反馈功能，还有促进学生合作学习、情感交流等作用，因此多样化的批改形式是为了达到不同的功用。作业的批改涉及批改的目的、批改用时、批改方式等方面。明确批改目的是关键。批改作业的功能有反馈、监督、评价，根据不同的目的，选择相应的批改方式，计划不同的批改用时，综合权衡，才能实现较好的批改效益。这就要求作业批改要面向全体学生，突出学生的主体地位。学生的发展是教育的出发点和归宿。作为教学环节之一的作业批改环节，应倡导学生体验参与，并且注重过程评价，关注学生的情感体验，培养学生正确健康的道德观。

湖南省浏阳市教育局教研室陈文主任从情感的角度来说明作业批改功能的重要性。他认为作业批改是学生将自己的学习成果呈现给教师评判的一次机会，也是教师对学生进行教育的一次机会。赫伯特·斯宾塞说："一种快乐的情感状态对于心智活动的重要性，远胜于麻木或憎恶的情感状态。"[1] 作业批改是教师与学生进行信息和情感交流的重要信息途径。教师认真地批改作业，不仅有利于引导学生形成明确的学习目的，逐步养成良好的学习习惯，进一步激发学生的求知欲，并且通过批改与学生进行情感的交流与沟通，与学生进行思维的碰撞与融合。教师在作业评语中应体现人文关怀，这对于学生和家长的情感态度都会产生很大的影响。

康德认为，对存在的真理性认识来自经验，任何存在不经人类主体经验的建构都是不可知的、虚无的，将任何不可知或虚无作为实存的真理加以阐释，不是愚昧就是欺骗。道德教育不能简单地把学生看作被动接受的工具，用灌输来管理、束缚、规约学生。个体道德品质的养成，是在不断进行现场生活的感悟和道德教育的实践中完成的。应尊重学生在学习评价过程中的主体身份，优化作业批改的方式，增加师生之间的互动性，让学生在主动接受教育的过程中，完成自己道德修养的改造与提升。

❀ 行动研修

教学的艺术不在于知识的传授，而在于激励、唤醒与鼓舞。学生的学习兴趣是学生学习的内在动机。好的作业批改方式恰能激励、唤醒和鼓舞学生，提高学生学习的兴趣。

一、作业批改的原则

（一）科学性原则

所谓科学性原则，首先要求以准确熟练掌握科学的学科知识为批改作业的前提。特别是有些学科作业的结果或许是肯定的、单一的，但解题过程却是不同的，解题方法更是千变万化的，批改时必须首先关注学生作业的解题过程。其次要关注学生解题的科学性或者说规范性。批改者对于批改学生课堂学习情况和相应的学科能力，并非单一的，而是多方面的。一份好的作业

---

[1] 赫伯特·斯宾塞. 教育论：智育、德育和体育 [M]. 王占魁，译. 北京：中国轻工业出版社，2016：109.

可以从不同的角度体现学生的学习能力和水平。学生要正确地完成作业，必须通过四个关：审题关、概念关、逻辑关、语言关。批改作业的中心任务，是对作业进行科学性的"把关"，即把住这四个关。如果只是注重结果的正确与否，而忽视了对解题过程的评价，将不利于学生各种素质的全面发展。科学性原则还体现在依据不同的作业类型、不同的作业内容，选择恰当的作业批改方式。

（二）及时性原则

遗忘在学习之后立即开始，而且遗忘的过程最初进展得很快，以后逐渐减慢。从短期看，作业作为一种及时反馈和评价的方式，其目的就是让学生及时调整有关错误信息，同化和顺应正确信息，加强对知识的理解和记忆。作业信息的及时反馈对教学至关重要，特别是对某些系统性特别强的学科教学来说尤其如此。比如数学、物理等学科，教材的前后内容衔接十分紧密，后一节课一般都要用到前一节课的知识。所以，不但应当要求学生当天完成当天的作业，而且对于老师来说，最好也能当天批改好学生作业，并在进行新课之前把批改好的作业发还给学生，使作业中出现的错误能在进行新课之前得到改正，以便顺利地进行新课的教学。如果不能及时批改，课堂作业就失去了它的及时反馈作用，本节课的反馈情况要等到下下节课的课前才能知晓，再来调整教学方案，已属亡羊补牢。

（三）启发性原则

在批改作业中，要求教师不但要准确判断正误，并且对解题过程的繁简、解题方法的优劣进行评价。教师应该审视学生在解决问题中的思维过程，充当学生思维的向导，启发学生拓展思路、深入思考、发展思维能力。从批改作业中，体现对学生创新精神的要求。作业的完成不单是为了做正确，而且要追求最优化的解答。只有真正有独立思考、有创新精神的作业才可以得到"优秀"，以此促使学生时刻创新，使创新成为一种习惯。

（四）教育性原则

作业信息，是学生学习成果、学习态度的直接反馈。对态度认真、完成好的学生应加以鼓励表扬，作业中新颖的、具有创造性的解法应向全班同学介绍，以培养探究精神。对学习进步大的学生，要及时鼓励；对作业不认真、不改正的要及时批评，必要时可把不合要求的作业退回学生，要求重做，对作业中表现出来的不良学习习惯、思维习惯应设法予以矫正。总之，作业的批改，是一个培养学生独立思考、严格认真、有错必纠的精神，促进学生在认知、情感、意志等各个方面的健全发展的过程。

（五）艺术性原则

作业批改也可以像课堂一样有艺术性。对作业的批改，多数教师习惯于用只是一个勾或者一个叉来评判正误，或者还采用百分制量分。此法在评价学生学习成绩、判断解题正误、较学习差异方面有一定的作用。但单纯用"√"和"×"来评价学习思维、学习成绩不仅枯燥乏味，直接影响学生的学习情绪，挫伤某些内向学生的学习信心，而且有可能会影响师生之间的思想、情感交流。如何更好地通过作业的批改来提高学生的学习兴致、增加师生间的感情，让学生不仅善学而且乐学？有的老师在学生出错的地方用问号、波浪线之类的符号引起学生的注意和思考，也有的老师用其他颜色的笔批改，还有的老师在批改后写一些如"这次作业可以作为典范""想想看，是否可以有更简洁的方法"等激励性、启发性的简短句子。江苏省无锡市辅仁高级中学的唐建勋老师在新教育评价理念的指导下，结合学生的身心发展规律，将网络沟通中的表情包引入学生作业的评价中，取得了很好的教育效果。表情包评价拉近了唐老师与学生的距离，"它让教育不再是面目古板的说教，而是真真切切的对学生的关心与关爱；它也让教师批作业不只是一道事务性的教学工序，而是成为提升教育品质的一条有效途径，使教育呈现出别样的风貌"[1]。

---

[1] 唐建勋. 表情包评语：教育评价的另类表达 [J]. 江苏教育，2019（1）：71.

二、作业批改的方式

（一）教师为主体的批改

1. 全批全改

教师将学生做完的作业收取后逐份批改，不但全面检查学生作业的完成情况，而且对学生作业中的错误基本上都予以改正。这种批改作业的方法在我们平时的教学中是较常用的。由于全批全改花费时间过多，学生完全被动，在采用这种方式的时候需要考虑作业类型。对于一些本身不是很难、重在训练学生答题规范的作业，教师在时间允许的情况下可以采用这样的批改方式。但是如果学生作业不仅体现出严格的解题规范，还要求思维严谨，属于每一位同学都需要熟练掌握的内容，那就要求教师不仅要全班批阅，更需要对全班的作业精批细改。批改时不仅要给予对错评价，而且要对学生做错的部分予以明确，并用记号或者文字指出错误原因。

2. 选择性面批

教师把作业收齐后，对全部作业做一番浏览，而只对部分学生的整份作业或全体学生作业的一部分题目或一部分学生作业的一部分题目进行详细批改。选择性面批的关键在于根据具体情况做出准确判断，选择面批对象。比如，可以选择班级中尖子生和学困生的作业，采取当面批改、现场解说的方法，这种方式对作业反馈校正更加及时，对于促进学生的最优发展是相当有效的。也可以在有针对性选择面批的时候，考虑适时轮换，扩大面批对象，促进更多同学的学习积极性。对于一些比较难的题，可以抽取部分学生作业进行批改，对学生作业中出现的问题做好记录，在作业讲评时有针对性地解决这些问题。

作业批改中，出现学生做错题的现象是难免的，关键是要督促学生订正。尽可能对学生订正后的作业进行面批，并在批阅过程中要求学生思考厘清错误的原因，剖析从中获得哪些经验教训，教师则根据学生的回答及时加以诊断，并纠正补充，以培养学生自我反思和自主学习的能力。

（二）学生为主体的批改

苏霍姆林斯基说过，在人的心灵深处都有一种根深蒂固的需要，这就是希望自己是一个发现者、研究者、探索者。提高作业批改中学生的主体性，不仅能增强作业批改的实效，还能加强学生学习的自觉性和责任感。

1. 随堂互批作业

新课后，简单的作业可当堂完成，集体讨论答案，在教师的指导下当堂集中统一批改。这一类题，通常是用来巩固当堂课教授的新知识，一般题型比较单一，要求层次较低。对难度适中的题目，教师可以组织学生商量得出答案进行互批。

2. 自我批改作业

教师把收齐的学生作业浏览一番后即发还给学生，随即公布解题答案（包括必要的解题步骤、过程或某些提示），列出各种解法，要求学生对照答案订正自己的作业，并在作业上写出有关体会或疑问。学生若有不同于答案的新解法可以补充进"解题答案"并介绍给全体学生。这种批改方式的具体实施，又有各种办法，例如：可以把解题答案张贴公布，让学生自找时间订正；或者找一两份完成较好的作业，批改后张贴出来作为示范作业和学生订正的参考标准；某些难度大、学生普遍完成得不理想的作业，可以在课堂上订正，教师逐题解答或选择重点题目讲解，学生边听边订正。

3. 小组批改作业

教师对学生进行培训，实行小组团队为主体的合作批改。学生作业完成后，重点采用学生间的交流讨论作为讲评，然后进行批改。可以把作业分发给学习小组，让学习成绩较好的组长组织讨论各题的解题方法及答案，老师汇总各组意见后，公布参考答案，然后组长带领各组成员进行批改。学生在批改中能吸取其他同学的好的答题方法，也可以从他人的错误中吸取教训。这种批改方式培养了学生严谨的学习态度和学生勤于思考、善于提问、善于辨析的好习惯，提高了他们分析问题、解决问题的能力，并且营造了学生间互帮互助的学习风气。

俄国教育家乌申斯基说过，没有丝毫兴趣的强制性学习，将会扼杀学生探求真理的欲望。看似琐细而平凡的作业批改中蕴藏着丰富多彩的教学内涵。呆板单一的作业批改方式，肯定不能激发学生学习的欲望与激情。作为教师，在作业批改时要灵活运用各种批改方式，引导学生自我改错，激励学生养成良好的学习习惯，拓宽学生的思路，激活他们的创新意识，让学生成长为自觉的学习者。

第三节　教学巡视

问题与分析

问题直击

案例 1

苏老师在讲解"混合农业经营的优点"这个知识点时，他采用 PPT 给学生出示了两张图表：一张是澳大利亚小麦牧羊农场的土地利用情况，另一张是澳大利亚农事安排表。要求学生根据这两张图，采用小组讨论的方式，总结出澳大利亚混合农业经营的优点。学生开始讨论，苏老师随机巡视，但不知道是因为问题难度太大还是因为有老师听课的缘故，学生讨论不起来，只有个别同学在轻声交流，课堂气氛沉闷起来。此刻，穿梭在学生间的苏老师看了看教室里悬挂的钟，有些焦急，提醒学生说："大家不要傻等啊，要注意观察这两张图表，大家看看两者有什么关系。"他这么一说，原本仅有的几个交流的学生也停了下来，整个教室静悄悄的。最后提问学生，无人能回答这个问题，苏老师只能自问自答。

同样是这个知识点，孙老师的课堂是这样呈现的：在孙老师出示两张图表后，她并没有立即提问让学生讨论，而是提醒学生观察这两张图表，看看有没有什么关联，为什么老师出示这两幅图。在提醒后，她站在讲台上，用眼神扫视了全体学生，发现学生有些茫然。此刻她布置了下一个任务：能不能结合两张图的具体内容，采用小组讨论的方式，总结澳大利亚混合农业经营的优点呢？同样是小组讨论的形式，因为孙老师提醒在前，学生讨论得比较热烈。孙老师走下讲台，逐一巡视。孙老师关注到两个小组讨论处在停滞状态，她就走过去，轻声询问，并且提醒道："关注图例，为何会有休耕地？""看看农事安排表中牧羊与小麦种植闲时与忙时的时间段之间的关系怎么样呢？"在孙老师的提示下，讨论迅速展开。

案例 2

距离下课还剩三分钟，这节语文课也进入最后一个环节：读后续写。小张老师看了一下时间，要求学生尽快完成，然后就走下讲台，穿梭于学生间。小张老师绕了几圈后，走到一名男生身边停了下来。那个男生似乎有些紧张，不知道是有意还是无意地盖住了一部分答案，可张老师竟把他的手拿开，看起了该生所写的内容。看了一会儿，张老师长长地叹了口气。这声叹息，引起了周边学生的注意，好几个学生都抬头看过来。该生一脸不自在地低下了头。

❀ 问题诊断

案例 1 中的两位老师采用相同的教学手段组织学生学习，但很明显，教学效果不一样。从现场教学情况来看，两位教师最大的不同在于课堂巡视这一环节。苏老师在组织学生讨论时，没有发挥课堂巡视应有的作用。

教学是师生的互动行为，如果不了解学生的学习状况，只是机械而呆板地按照教材编排和教学方案去教学，将是盲目、低效的。在学生展开讨论时，苏老师的随机巡视只是穿梭在学生之间，处于漫无目的、巡而不视的状态，并没有去关注学生的学习状态和学习过程中存在的问题，因而不能及时发现影响学生展开讨论的问题在哪里。等发现多数学生不知道如何展开讨论的时候，苏老师也就无法给出有针对性的提醒，他带有焦虑与责备的集体性的提醒，非但无法引导学生解决问题，反而打断了部分小组原本进行中的讨论。"傻等"这类不恰当的语言表达，让学生的注意力更多地转移到关注老师的情绪上去。

孙老师在处理这个环节的时候，在出示图表并布置讨论任务这一过程中，充分发挥了巡视的作用。老师在讲台上，学生的一举一动都在老师的视线内，因而她能及时发现设置的问题太宽泛，对于学生来说有些难以入手，就及时地把问题分解。在学生讨论的过程中，她的巡视是有目的的，通过逐一巡视暗示学生快速进入学习状态，并且关注学生的学习过程，对过程中发现的问题轻声点拨。这一友善的处理，在知识上能帮助学习困难的同学，又能激发学生对教师发自内心的感激之情，学生自然也就"亲其师信其道"了。

案例 2 的小张老师在巡视的时候，没有关注个体学生的状态。从男生用手盖住部分答案看，该男生内心不够自信，也不太愿意让老师看到自己还没完成的作业。事实上，张老师这种过于热心的关注以及那带着失望情绪的叹息，既影响到了该生情绪，也影响了其他学生继续答题的状态。课堂巡视时，教师不应喜怒于色，宜保持冷静，不影响学生自主学习或者合作学习的状态。这时候，如果像小张老师一样显得过于热情，有可能会快速提升或者降低课堂的温度，并在部分学生的推动下，使课堂转变为一种负面的学习状态，产生表面热闹而实则游离于学习之外的现象。

新课程积极倡导自主、合作、探究的学习方式，带来了一个理念新颖、视野开阔的教学新时空。学生成为教学的主体，课堂上学生自由思考的机会多了，动手实验的次数多了，自主作业的时间多了，教师的教学行为也发生了相应的转变，普遍使用课堂巡视这一教学手段。在课堂教学活动进行时教师来回查看所有学生的状态，以便及时掌握学情，调整、优化教学过程，以期实现教学目标。近几年，无论是看教师的教案，还是深入课堂看教师的教学可知，几乎没有哪一节课没有课堂巡视，但是有些教师的课堂教学中没有充分地发挥课堂巡视的作用，课堂巡视太随意太流于形式，往往存在着严重的走过场现象。

比如，在公开课上，我们往往会看到这样的一幕：当教师布置完学习要求或者课堂练习后，便来回地穿梭于学生之间，主要以了解大多数学生的学习进度、维持学习秩序为主，不给学生以任何指导，还常常提醒学生"请同学们做快一点"，因为这时教师更多的是关心如何顺利地完成自己的教学设计。这样的巡视给学生造成一种感觉：老师在看着你们学习呢，可不要偷懒哟！给人的感觉就是老师很有亲和力。尊重学生在客观上对学生的学习行为确实起到了一定的作用，但它舍本逐末，没有理解课堂巡视的要义，不能充分地发挥教师在课堂中的主导作用，当然也不可能达到应有的效果。

又如，有的老师往往在布置学习要求后便一头扎进学生堆里，随机对某个学生或某个学习小组进行面对面的指导，一段时间后，又转向另外的学生或学习小组。这样的巡视，也不能对全班进行指导，因为老师只是关注了极个别的几个人或者小组，对全班学情的掌握仅仅来自他所指导的学习个体或小组，容易形成片面甚至错误的学情判断，必然造成教师其后教学行为的失当，最终导致整堂课的教学效益达不到应有的水平。至于一些特别需要指导的学习个体或学习小组，往往得不到应有的指导。

究其原因，教师受传统教学观的影响，对课堂巡视的目的性认识不足，而且课堂巡视的有效性难以得到合理的评价。课堂巡视应贯穿于整个课堂。课堂教学是学生学习的主阵地，课堂上不能让自主成为自流，让旁观代替巡视。

理论与应用

◎ 理论导航

智慧是主体自身的一种圆融贯通、灵活巧妙、发明创造的能力，饱含了静态的知识结构和动态的思维活动过程，"它提供给人的是一种观察事物动态，认识事物本质，判断变化方向，预见发展趋势的思考方法"[1]。

基础教育阶段是接受全面教育的阶段，是对年轻一代施以全面的素质教育，为他们未来做人和未来发展奠定基础的教育阶段。21 世纪我国基础教育改革以课程改革为关键环节，课程改革是基础教育改革的核心。基础教育是国民素质教育的奠基工程。

素质教育是以全面提高人的基本素质为根本目的，以尊重人的主体性和

---

[1] 吴安春.回归道德智慧：转型期的道德教育与教师［M］.北京：教育科学出版社，2004：30.

主动精神，以人为的性格为基础，注重开发人的智慧潜能，注重形成人的健全个性为根本特征的教育。素质教育，是社会发展的实际需要，要达到让人正确面临和处理自身所处社会环境的一切事物和现象的目的。素质教育是一种着眼于发展、着力于打基础的教育，其根本任务是为每一个学生今后的发展和成长奠定坚实而稳固的基础。这里的"基础"内涵十分丰富，包括思想品德素质、科学文化素质、身体心理素质、劳动技能素质、审美素质在内的广泛而全面的基础。

一个人的素质是以先天禀赋为基础，更多是在教育和环境影响下形成和发展起来的相对稳定的各种身心组织要素的集中体现。教师的道德智慧在教师自己生活与工作中自塑、自律中形成，同时又在教育教学中不知不觉地影响着学生。教师具有职业特征的关怀、尊重、秩序、自信、公正、宽容等道德智慧品质和能力都会在具体的教育教学情境中、在与学生的交往中通过教师的日常教育行为对学生产生一定的教育熏陶作用。

课堂巡视是指在课堂教学活动中，当学生个体处于自主学习或者小组进入合作学习的状态时，教师在学生中间巡回走动，观察并获取学生学习状态的一种教学行为。[1] 建构主义理论强调"以学生为中心"，"强调学生对知识的主动探索、主动发现和对所学知识意义的主动建构"。在学生的学习过程中，教师应尊重学生的主体地位，发挥学生在学习过程中的自觉性、自主性和创造性，培养学生的创新性思维，进而培养学生成为能进行自我学习、自我教育的社会主体。在教学巡视时，教师不能因为学生遇到困难就代替他们解决，而当以尊重学生的主体地位为前提，用激励或提醒的方式，充分发挥他们的主观能动性，创造条件让学生去探索，去发现。

心理学指出，个性是一个人在生活实践活动中经常表现出来的，比较稳定的带有一定倾向性的个体心理特征的总和，是由先天的遗传因素和后天的学习因素作用的结果。世界上没有两片完全相同的叶子，也没有两个完全相同的人。这种差异是造成社会人生丰富多彩的根源，因此必须依据个别差异进行教学，合乎个性发展的规律。这就要求教师在巡视过程中，在遵循教育

[1] 徐云康. 课堂巡视让数学教学充满生机和活力 [J]. 教育实践和研究，2013 (11)：59—61.

公平的前提下，关注学生个体的差异性，尊重每个学生，关爱每一个学生，并能依据学生的个性差异，采用适当的巡视策略。特别是有部分学生客观上认为教师的课堂巡视具有较大的作用，主观上对教师的课堂巡视有抵触情绪。导致学生这种心理与行为不一致的原因在哪里呢？这就需要教师具体问题具体分析。从内外因来看，内因可能是学生性格，也可能是学生自信心不足。性格比较内向的学生，做事比较拘谨，不太愿意表现自己，与老师隔着一层心理隔膜，不愿意独自面对老师；部分学生学习成绩较差，自己独立学习时困难较多，但不愿将自己的弱点与不足暴露在同学与教师面前。从外因来看，也可能是教师以往"不当"巡视行为的影响。

华东师范大学李政涛博士认为充满智慧的教师首先是一个善于反思的人。教师以自己的教学活动过程为思考对象，对自己所做出的行为、决策以及由此所产生的结果进行审视和分析，通过提高自我觉察水平来促进能力发展，提升教学实践的合理性，以此来总结经验教训，增加自己的实践智慧，在提升自己的同时也能提高教育教学水平。在教学巡视的过程中，建立巡视主体与巡视受体间良好的合作互动关系是课堂巡视有效开展的前提与基础及重要保证。教学过程中，有效的课堂巡视不仅能拉近师生心理距离，及时发现问题，督促学生端正学习态度，而且能针对学生差异采取措施，以促进学困生的提高。同时，教师在巡视时的认真负责、对教学的自我反思、对学生友善的提醒、对问题的钻研精神，都会在这样的教学行为中促成学生道德的养成。教学巡视的良性化开展，对于促进学生的学习、教师的教学以及双方道德智慧的提升有着十分重要的意义。

❀ 行动研修

智慧与道德都是实践的功夫，两者是在实践的基础上对自身理性精神世界和自身生活意义及价值的把握。道德发端于人类的知识与智慧，因而道德智慧是德智融通的。在课堂教学中如何巡视，既体现了教师的智慧也体现了教师的道德修养。

控制论的创始人维纳曾说过："一个有效的行为必须通过某种反馈过程来取得信息，从而了解目的是否已经达到。"教师应改变传统的"以自我为中心"的思想，真正在课堂教学中落实"巡"和"视"，走下讲台与学生进行零距离交流和沟通，及时准确地获得学生在解决问题中的奇思妙想和存在的问题，从而适时调整课堂教学过程，优化课堂教学节奏，实现课堂教学的优化，提高课堂教学的有效性。课堂巡视是课堂教学不可忽视的一个环节，在现代课堂教学中越来越显示出其独特的魅力。[1] 教师在教学巡视这一教学行为中所蕴含的道德智慧，也会对学生的道德行为产生极大的作用。

一、课堂巡视原则

（一）目标性原则

任何没有目的的教学行为势必造成教学效率的低下，有的教师热衷于"身"入课堂，而并非"深"入学生，只浅显地起到了"监督课堂""维护纪律"的作用，实则是舍本逐末，没有以学生的实际情况为本。作为教师，首先要明确本课教学过程中哪些环节需要去巡视，不同的学习活动老师在巡视时可以做什么、达到什么样的目的。课堂巡视主要运用在独立思考、小组合作探究、操作实验、课堂作业等环节。不同环节巡视关注的对象与内容有所不同，达到的目的也是多样的。

（二）公平性原则

教育公平是一种古已有之的美好理想。从教育学角度来看，公平性原则是指在每个学生都有受教育的机会、享用同等教育资源的权利。教育是一个由多种多样的因素组成和支撑的复杂的有机联系的发展系统，组成教育的诸要素之间以及支撑要素之间，甚至这两类要素之间，都必然有一个协调、优化发展的问题。教师有公平意识，才能在教学过程中顾及全体学生。在平时的教学课堂中，有些教师对巡视路线没有明确的方向和计划性，巡视的路线往往集中在某一固定区域，导致巡视到的学生往往局限于教室的某一部分，容易使其他学生产生不被教师重视的错觉，也造成了教师对课堂的把控不准确、获得的教学反馈不全面的问题。

---

[1] 贾晓波. 心理健康教育与教师心理素质 [M]. 北京：中国和平出版社，2000.

（三）适度原则

所谓适度原则，就是指在教学巡视时，教师应该选择恰当的时机，用恰当的方式进行巡视。有的老师对巡视时机的把控不当，仅仅选择在学生练习时进行巡视，而忽略了讲授、学生小组讨论、个别交流时的巡视，忽视了"课堂巡视应贯穿整个教学环节"。有的老师在巡视中，随意地提供"温馨提示"或者随意喊"停"，都会影响课堂教学的效果。

（四）差异性原则

素质教育的根本是让每个学生的个性与潜能得到自由、充分、可持续的发展，这就要求教师尊重学生个体差异，实施差异性教学。课堂巡视可以让教师关注到不同层面的学生，可以结合学生出现的问题及时解惑释疑。重点巡视的对象可以根据教学内容有所区分，譬如在教学内容简单时，集中在对学困生的巡视和帮扶上。对于学困生，这是一个非常好的补习机会，教师可以在巡视时有针对性地加以关注，并针对他们的疑问进行及时的指导或者讲解。而对于基础较好的学生，也许只需要一个鼓励的眼神。在教学内容较难时，重点巡视成绩优异的学生，根据学情加以点拨。

（五）巡视导结合原则

所谓巡视导结合是指教师在教学过程中采用同步巡视或先巡后视的方式全面充分地了解学生的学习状况并适当指导的原则。为充分利用学生自主学习的时间，教师可以同时同步巡视，即一开始教师就直奔目标学生，倾听、查看或者点拨，也可以先轻而缓慢地教室绕两圈再不经意地停留在某个同学身后，视察或者交流。

有些教师不巡不视，高年级教师的作业批改量相对较大，部分老师会充分利用这几分钟的时间批改学生作业，或是查看教学参考书等。也有巡而不视的情况，部分教师习惯于兜场子，只是形式上沿着教室中间的过道兜一兜，只掌控时间，视学生而不见，等过了这几分钟便进入预设的下一个教学环节。还有的老师视而不巡，站在讲台边，居高临下，双目炯炯，环视学生，监督着学生的一举一动，只关注学生是否在貌似认真完成学习任务，至于怎么在完成、完成的效果如何，一概不闻不问。另外，还有老师只巡只视，部分老师深入学生，也发现了学生学习过程中的一些问题，然而没有对获取的这些信息做出及时的分析，并合理调整后续的教学策略。他们唯恐打乱了预设的教学程序，只是为了巡视而巡视。

许多教师在研究课堂巡视的有效性时提到过的"巡而不视"或"视而不巡"的现象。教师习惯于通过"看—指导"的模式来实现课堂巡视，形式单一，模式刻板，易使学生产生疲态。

二、课堂巡视的策略

（一）预设有效的课堂巡视，变无意巡视为有意巡视

随着教学理念的改变，学生主体作用被高度重视，教师的主导作用也需受到重视。课堂巡视作为课堂教学中一个重要的教学活动，在备课中应该作为预设的重要方面。但是，在现有的教学实践中，部分老师对课堂巡视的预设还不够重视，很少有老师将课堂巡视作为备课的一个重要方面，所以导致课堂巡视行为的随意性和无目的性。

无意巡视因为其表面性与随意性带来的是巡视的无效性，改变这种现象首先要更新教师自身的教学观念，充分认识到课堂教学巡视的重要性，在日常教学中努力做个有心人，备课时根据本班学生的实际学习状况，有意识地预设每一次"课堂巡视"，对每次巡视的范围、巡视的方式、巡视的对象、巡视的时间等等都做到心中有数，根据教学预设在上课时有意识地开展课堂巡视，使课堂巡视具有明确的方向性及目的性。

在备课过程中需要对课堂巡视做好充分的预设。一要备巡视的时间。一般课堂巡视主要出现在独立尝试、小组合作探究、操作实验、课堂作业等环节。二要备巡视时关注的对象。每次巡视关注的是哪些学生群体，是对学困生的点拨指导，还是欣赏优秀生的思维火花，都要做到有备而来。三要备巡视过程中可能会抓到的学生活动信息。例如学生独立探究后，可能会有哪些代表性的方法，先做预设，然后在巡视中就能有目的地去寻找，同时也会发现预设中没有想到但具有创见的方法，这些方法可以成为推进后续教学活动

的有效资源。

（二）把握课堂巡视的时机，帮助实现教学预设

一切教学都是预设与生成的统一体。预设是教师课前的教学设计，而生成则是实际教学过程的发生、发展与变化。高质量的预设是教师发挥组织者作用的重要保证，它有利于教师从整体上把握教学过程，使教学能有序地展开，从而提高学生的学习效率；创造性的生成是"学生为本"的体现，有利于提高学生自主探索的积极性和创造性，使教学过程充满生机活力。

帮助实现教学预设，就需要把握课堂巡视的时机，促进生成课程新资源。所谓把握课堂巡视时机，就是在适当的时候采用适当的教学巡视方法。常见的巡视方法有浏览式、随机解答式、个别提醒、选择性记录、批改等。需要巡视的时机有很多，在课堂中，学生自主读书需要巡视，合作探究需要巡视，写字作文同样也需要巡视。因为巡视是教师获取信息、及时解决问题的基本途径，既有利于及时调整教学内容，改进教学方法，也是课堂高效顺畅的有力保证。

短时间内想了解整体情况，可以采用边走边查看的浏览式。如果是个别情况，就可以采用个别提醒，走到该生身边，轻声提示或者用小动作示意一下。无论采用哪种方式，都以尊重学生、爱护学生为前提。也可以根据学生不同的学习活动在适当的时机采取相应的巡视方法，比如体育课、实验课等等。

（三）"望、闻、问、切"课堂巡视的新模式

"望"是用眼巡视，指以关注的目光望向全体学生。苏霍姆林斯基说过："在教育集体的同时，必须看到集体中每一个成员及其独特的精神世界，关怀备至地教育每一个学生。"在授课时，教师要充分发挥用眼巡视的作用，以微笑鼓励的眼神观察每个学生的学习状况。特别是在教学关键处，平静地注目学生，要"望"得全面、"望"得及时。

"闻"是用耳巡视，就是在课堂巡视过程中，除了观察学生的学习状况之外也要用双耳倾听学生的声音，广泛、细致地听取学生的反馈，收集相关信息。比如在课堂练习时，教师巡视时发现学生出错，常常是指导学生改正，

却很少会听学生讲为什么会错。如果能听取学生做错的原因，再以此为契机引导学生思考如何避免，课堂巡视的效果也就上了一个层次。

这里的"问"与"闻"是相辅相成的，教师要"闻"，必得先"问"。在巡视中应注意寻找典型案例，询问学生做错的原因，有时也要询问学生做对的原因。同时，可以鼓励学生之间互相问，也鼓励学生问老师，并可以结合演示法、小组讨论法，让课堂巡视真正立足于学生学习的现状。

"切"是指在课堂巡视中教师依据望、闻、问中学生的课堂反馈，对全体学生以及个体学生的学习状况做出比较准确的判断，从而对教学内容的侧重点、教学进度以及教学策略做出相应的调整，进行个别指导也有所侧重。譬如，教师可以根据新授内容学生的掌握情况，判断此后的巡视重心所在，巡视重点需放在学困生的帮扶上。

总之，系统性地施行"望、闻、问、切"的巡视策略的课堂，都以学生为本，以学生为主体。

道德智慧是建立在广泛的人类知识、智慧基础上的和谐适度圆融的精神境界，是内化并表现在行为中的对个人的身心起调控和导向作用的一种实践智慧。它是从反躬自省到追求良知并致力于知行合一的过程。课堂巡视要求教师从执教者的角色中分离出来，成为学生学习的指导者、组织者和促进者。在这一过程中，教师要提升道德智慧，要反躬自问、返璞归真、修养体察。具体而言，就是教师应当善于反思自己教学中的不当行为，改进教学巡视的策略，运用智慧，真正做到以学定教。这样的课堂，师生感情融洽，教学氛围愉悦轻松，教学也会更富有情趣。教师在教学巡视时睿智的行为，如温和的话语、鼓励的微笑、爱护的眼神，都能让学生从内心感到温暖，体验到幸福，从而促进学生认真学习、积极思维。同时，教师具有的美好的道德品质也会让学生得到熏陶，获得提升。

第四节　教育机智

问题与分析

🍃 问题直击

案例 1

六月的一个下午，天气有些闷热，高二 3 班正在上英语课。第一个环节单词默写，青年教师小何站在讲台上，认真地盯着下面的学生默写。这是午后第一节课，有的同学犯困，握着笔呆呆的，小何老师走过去敲敲桌子，示意赶紧默写。她转身回讲台时，发现一同学趁机在翻书偷看，顿时一股火直冒出来，大声呵斥道："某某某，你翻书干什么！今天的默写你不用交了，课后先抄三遍再来重默！"原本昏昏沉沉的同学这下都清醒了，齐刷刷地抬头看这个被点名的同学。"看什么看，默你们的！"小何老师又呵斥了一声，同学们又默默地低下了头。完成单词默写后，小何老师带领学生进入新课文的学习。不知道是因为天气的原因还是因为之前被小何老师呵斥，同学们总是懒洋洋的，提起不起劲儿，课堂气氛凝滞。恼怒的情绪逐渐在小何心中堆积。这时，她发现坐在第一组第三排的一位同学不在听讲，而是在下面偷偷写东西。小何先是看了他几眼，想用眼神示意他，但是他头都未抬，我行我素，仍在继续写，并把写的东西传递给同学。小何停止教学，怒气冲冲地走到那位同学的身边，要求让他把写的东西交上来。该生不理。此时，小何觉得所有的同学都在看着她，怒吼道："你给我站起来，站教室后面去！"该生坐着不动，而小何则是你不去我就不上课，于是师生僵持在那里。

案例 2

课上小组学习的环节，张老师正在指导一个小组的活动，突然听到一声惊呼："啊，血！"张老师转身一看，有个男生捂着鼻子惊慌地站了起来，看着他满手是血，张老师意识到是流鼻血了。其他同学也停止了学习，都看着这个男生。张老师平静地告诉大家她家里也有人容易流鼻血，不要紧张，按照她说的做就好。张老师让其他同学继续讨论学习，并快速地走向那个男生，让他在座位上坐下，并拿纸巾给他擦血。然后指导他坐正，同时让他用大拇指指根压住鼻翼。之后张老师边巡视其他学生自主学习情况，边留意该生情况。两三分钟之后，该男生开心地告诉张老师血止住了。课堂恢复了正常。下课之后，张老师告诉同学们，如果经常流鼻血，要去医院检查一下。

案例 3

下午上课的铃声已响了，但午睡的同学们并没有完全清醒过来。个别同学向钱老师抱怨："食堂新装了音响系统。但中午食堂的音乐太吵了，吵得饭都吃不下。"同学们应和声一片。"投诉！""举报！"大家几乎比较一致地表达了自己的意见。"吵着我们了""吵得吃不下饭"……

"好，那我们一起来看看如何处理这件事，我想先让同学们思考一个词。"钱老师并未阻止学生的抱怨，而是转身板书：主人。

……

灯亮了——站在最前排的一位女生在钱老师转身板书的时候跨前两步打开了教室里的照明灯，教室里顿时响亮起来。

"好，大家一起来看看'音乐扰人'这件事。大家看应该怎么处理？刚才说'举报''投诉'可以吗？为什么？有没有更好的处理办法？"

"投诉、举报，肯定不适合——因为学校在餐厅装音响放音乐是好事，只不过放的音乐不太好（太吵），投诉、举报实际上就没把这当成自己的事——我们向老师反映一下情况就可以了。"

🦋 问题诊断

叶澜教授指出：课堂应是向未知方向挺进的旅程，随时都有可能发现意外的通道和美丽的图景，而不是一切都必须遵循固定线路而没有激情的行程。[1] 真正的教学，不只是单向、封闭、静态的知识传授过程，而是师生多

---

[1] 蒋砾. 例谈有效利用课堂动态生成资源 [J]. 中国电化教育，2008（9）：90—92.

向、开放和动态的对话、交流过程，所以"不确定性"和"生成性"应是真实课堂教学的常态现象。教学中的生成，往往是以生成事件为载体而呈现。

在教学实践中，常常看到这样的情况，有的教师知识水平不低，但上课并不受学生欢迎，教学效果也不理想。究其原因，不能理想而恰当地处理课堂教学中生成事件就是一个重要因素。

教师在上课之前，虽然对教材内容、课程目标、学情状况、教学资源等做了细致的分析，但课堂教学是动态变化的。因为教学活动是一种特殊的认识活动，课堂上并不能完全避免一些意外情况的发生。学生因其知识水平、情感特征、性格脾气各不相同，在教学过程中随时都有可能出现各种情况，包括道德情感及接受知识过程中发生的问题。如何及时处理这些情况，使之不影响课堂教学，主要看教师个人的教学机智。

案例1中，青年教师小何遇到的一系列情况在课堂教学中比较常见，但显然，小何老师处理的效果并不好。课堂上默写时有学生走神，小何老师用走近敲敲桌子的方式加以提醒。从事件发展来看，小何在看到一学生乘机翻书偷看时，"一股火直冒出来"，可以推断之前的提醒也是含着不满、压制着怒气的。紧接着的两次"呵斥"，已经由对学生个体的"批评"，发展到对集体的"不满"。这样的处理方式，既没有意识到"错误是学习的好机会"[1]，也没有考虑到学生的自尊心和班级的上课氛围，最后导致"课堂气氛凝滞"也就不可避免了。而对于课堂"偷偷写字"学生的处理，小何在没有了解学生所写内容及其行为动机，仅仅以教师的身份"命令"，更不是明智之举，以致最后陷入"僵持"状态。

教育情境就其性质而言可分为常态性教育情境和非常态性教育情境这两种类型。在常态性教育情境中，基本上可以排除课堂里某些意外事件和事态的发生。在非常态教育情境中，事情或事态的发生通常超出教师的预料。在此情景中，教师解决此类事情的方案无定规可循。在面对课堂教学中的"意外"时，教师需要做出的反应都有多种可能性，需要教师从诸多模糊的可能性中找出一个正确的对具体情境合适的实施方法来，通过实际实施某种行为

---

[1] 简·尼尔森. 正面管教 [M]. 玉冰，译. 北京：北京联合出版公司，2019：6.

有效地达到预期的目标。教育是一项具有道德性的实践活动，它要关心人，帮助人，促进学生身心健康发展。具有道德智慧的老师，都具有在复杂而意外的情境中迅速化解危机的能力。如案例 2 中的张老师，在课堂上遭遇同学流鼻血事件时，能冷静从容地应对就是教学机智的体现。教师的情绪往往会影响学生，张老师的"平静"安抚了惊慌的同学们，让同学们继续进入学习状态，又及时而科学地处理了流鼻血这个突发事件，使得课堂恢复了正常的状态。在这个事件中，学生懂得的不仅仅是流鼻血时应该如何正确应对，还能感受到张老师遭遇突发事件的镇定从容，明白积累生活经验、医学常识的可贵，当然也体会到张老师的关爱之情。

教育教学中，一旦遇到突发状况，教师就必须依据既有的规范或内在的教育理论对诸多可能性及某一个正确的可能性做出合乎理性的判断。老师的教育机智就是稳住局面，把不好的影响降到最低。教师既要处理好发生的意外事件，更要立刻找到安抚学生的方法。简单地说，就是不能让其他学生闲下来，变成旁观者，制造二次混乱。一个充满爱心和责任感的老师，身上一定自带机智的品质，其机智的行动就是智慧的化身。

理论与应用

◎ 理论导航

道德是一种实践智慧，是一种对时间、地点、方式是否恰当的判断能力以及恰当时间地点方式下做恰当事情的能力。有道德的行为包含适当的时间、适当的对象、适当的关系、适当的目的、适当的方式等要素。应对教学过程成中的生成性事件，要求教师能运用道德智慧，考虑适当的场合、适当的时间，采取适当的方式巧妙处理。

教师工作对象的特殊性决定了在教育教学过程中随时都可能遇到难以预料的特殊问题。教学生成事件是教学矛盾的外在表现，指师生在教学互动过程中，由于双方在观念、立场和发展水平等方面的差异而产生的在教学目标、内容、方法与评价等方面的分歧和对抗现象。如果冲突事件处理不好，教师僵化地"严格按照预设"进行教学，往往会严重影响教与学的效果。教师有必要正视教学冲突发生的缘由，分析其意义和价值，合理机智地应对教学冲突，使其成为提升教学有效性、避免僵化、促进课堂多方力量保持动态平衡的积极存在。

教学生成事件的存在与发生具有必然性。首先，教学冲突是教学过程中常态化存在的教学现象，教学生成事件作为教学冲突的载体，也必然时常发生在课堂教学过程中。师生所占有的文化资本不同，分别是不同的知识化身。教师作为国家课程的代表，其知识、经验、观念相对完备、成熟，而学生是受教育者，其知识、经验与观念处于经验化、零散状态。二者在教与学的互动中发生冲突、碰撞是教学的常态。其次，在师生交往过程中存在权利的博弈与冲突。在教学场域中，师生权利资本差异巨大，教育者作为教育者，有支配人的强制力，教师极力控制、规训受教育者，而受教育者作为主体的人，极力地挣脱控制，在交往过程中发生冲突也是必然的。最后，从教学的本质来看，教学生成事件的生成性，本质上是教学预设与生成冲突的体现，也是教学不确定性、复杂性的表现，教学是预设与生成的辩证统一。从教师教的角度来看，教学无疑是教师规划的过程与结果，但从学生学、知识建构的角度来看，教学又是生成的、建构的，课堂教学又是一个复杂的生态系统，在教学过程中一味地追求没有冲突的教学将是一件极困难或几乎不可能的事情。

对于课堂预设来讲，凡是生成，都具有意料之外的特征，使得教学过程不能"按部就班"进行，对教学流程就具有破坏性。"教学偶然事件在一定意义上可视为一种危机，它既是教学的危机，也是教师和学生在教学场域内的某种生存危机。"[1]教学生成事件挑战教学预设，教学生成事件挑战教师的专业素养，它对教师的专业知识、教学经验与教学智慧具有较高的要求，对教师的教学生存具有危机性，它对教学的危机程度取决于教师的应对措施与效果。教学生成事件又是教学预设的补充，它具有价值性，即可利用性。教

---

[1] 郑秀敏. 危机与良机，教学偶然事件的潜在课程资源研究 [D]. 重庆：西南大学，2013.

学生成事件的进展方向是双向的：一方面，它可以朝着不利于教学的方向发展，将课堂拉入一个尴尬、无以为继的境地；另一方面，如果充分利用冲突事件，化冲突为资源，化危机为良机，也可以丰富教学内容、调节课堂气氛、优化教学目标，使事件朝着好的方向发展。教师是课堂的主导者，是教学生成事件发生之时的应对者，因此教师本人的机智和智慧、教学应变和处理能力直接影响教学生成事件的性质和发展方向。当然，这也和教师本人的专业素质以及课前对教情、学情的把握度等有密不可分的联系。教学中的生成事件，是具有合理教育功能的危机，是有益的课程潜在资源。

优秀的课堂都是教学生成事件积极化解的课堂，教学生成事件的成功化解，往往能促成教学精彩的生成。这需要教师具有一定的随机应变能力来智慧掌控教学，即在课堂上能运用教育机智来处理生成性事件。俄国教育家乌申斯基在《人是教育的对象》中说："不论教育者怎样研究了教育学理论，如果他没有教育机智，他就不可能成为一个优良的教育实践者。这种所谓教育机智在本质上不是什么别的东西，无非是文学家、诗人、演说家、演员、政治家、传教者，一句话，就是一切想跟教育学者一样对别人的心灵发挥某种影响的那些人所需要的那种心理学的机智。"[1] 可见，教育机智是教师从事教育工作的一种重要心理能力，是教师面临复杂情况时所表现出来的一种敏感、迅速、准确的判断处理能力，也是教师进行有效教育教学的一种重要素质。

"机智"一词是威廉·詹姆斯在 1892 年首先提出的，他指出："一位充满机智的老师会想尽方法将孩子各异的特点融入学校教育，年轻人的早期学问感才会形成。"[2]《韦氏大词典》中有关"机智"的表述是："为了和谐相处而保持敏锐言行。教师与孩子间的教育互动特别符合这一特点，因此良好的教育需要教师的教育机智。"也就是说，教师应保持儿童天性敏感度，并将儿童的天性与教育进行有效联合。从这个意义上说，教育机智是教育者内在隐

[1] 乌申斯基. 人是教育的对象 [M]. 李子卓，译. 北京：科学出版社，1959：27.
[2] 陈德华. 教育机智在"学困生"教育中的作用 [J]. 现代特殊教育，2003，(6)：13.

性的品质，是一种教学需要。教育机智就是做那些对学生好的和恰当的事。

教师在具体教学情境中必须具备高超的教育机智。"机智"的含义就是"机敏"与"智慧"。机敏是思维与行为的反应迅速快捷，指向思维的开放性与行为的灵活性。智慧则是行为者对自己在具体的情景中所做出的行为是否合适、恰当的准确判断。而机智便是指行为者在努力使自己的行为适合当时的情景，为达到其目的而做出敏捷判断与决定的能力。教育机智就是指教师在具体的教育情景中，依据学生的具体情况，选择能对学生施加积极的教育影响、促进学生健康发展的手段和教育决策并在具体的教育情景中付诸实施的能力。它包括教育者对教育情景的深刻了解，以及做出相应的判断与行为的选择的能力。因此，教育机智是一种实践中的智慧，是教育者的教育理论在实践中的运用，它指向教育实践，具有实践品性，同时它又离不开教育理论的指导，既是教师的心理调控能力又是教师的实践能力。

苏霍姆林斯基曾说："教育的技巧并不在于能预见到课堂的所有细节，而在于根据当时的具体情况，巧妙地在学生不知不觉中做出相应的变动。"

从教师工作育人的本质这个维度来看，价值引导和情感关切是教师实现其道德教育使命的核心路径，因而教育机智不仅仅要求教育者具有机敏与智慧，在多样化的教育机智后面还有着一个统一的价值取向或者说道德标准，让学生从中接受教育，获得成长。教师的言行举止在有意无意间都会对学生产生道德影响。从这个意义上讲，教师的道德素养守护着教育的道德底线，守护着学生的道德方向和未来人生。因此，真正意义上的教育机智必须体现教育者对学生的尊重与关怀，传递教育者对未成年人的爱与信任，担负起引导学生发展的使命与责任，把学生犯的错误变成教育的契机，让学生从中吸取经验教训，获得自身的发展。这就要求教育者在课堂上能敏锐地觉察学生的情感和思想状态，并据此来调整自己的行为举止，使之对学生产生积极的影响。由此可见，教育机智既是智慧的实践，也是道德的实践。运用教育机智能够建立一种"人道的师生关系"。在这种"富于人情、温暖"的关系中，教师把学生看作"具有各种特殊的个人品质的总和的人"，"教师本人也是具有个人品质的、有思想、有感受"的人，"这时教育就会真正成为个性影响个性，人道培养人道的过程"。[1]

于漪老师曾经讲过这样一件事。有一次她教《白杨礼赞》时，有个女生站起来问："作者说白杨树多么美好，我看不见得。白杨不成材，怎么能比贵重的楠木好？"对于这个同学的意外提问，于漪老师没有立刻回答，只是说："你敢于发表这样的意见是非常好的。你继续学下去就会明白其中的道理。"学完课文，那位同学终于明白了景随情移，明白了象征的手法。在这一意外问题的处理上，于漪老师表现了高超的教育机智。及时的肯定，保护了学生敢于思考敢于质疑的积极性，出自于漪老师对学生的尊重与关怀，体现的是她的道德素养；疑而不答在保证了教学过程按照构思进行下去的同时激起了学生继续学习的浓厚兴趣，体现了于漪老师的教学智慧。教师所承担的特殊角色及工作是教育道德性的具体体现。教师在传道授业解惑的过程中将蕴含在优秀文化中的伦理价值用来影响、启迪学生的心智，提升他们的道德人格境界。

教师的道德品质在情感层面的实现，需要教师善于在复杂教育情境中敏锐感知学生的教育需求和情感处境，运用教育机智，以关切的情感、恰当的行动予以回应，达成教育的目的。机智的教师具有敏感的能力，能通过手势、神态等间接表现来理解学生内心的思想、情感和愿望，同时教师的道德修养能使其在应对突发事件时具有良好的分寸感和尺度感，能够知道在具体的情境中保持怎样的距离，采取最恰当的行动来引导、教育学生。

❀ 行动研修

教育机智是教师从事教育工作的一种重要心理能力，也是教师进行有效教育教学的一种重要素质，缺乏教育机智的教师不会是好教师。教育机智不是天生遗传的，也不是不可捉摸、无规律可循的，一般情况下，教育机智水平随教师年龄的增长而呈上升趋势，它是教育教学经验积累和实践的结果。

---

[1] 契尔那葛卓娃，契尔那葛卓夫.教师道德 [M].严缘华，盛宗范，译.上海：华东师范大学出版社，1982.

因此，可以通过后天训练和培养获得教育机智并不断提升，从而达到艺术化地处理教育教学突发事件的水平。

一、运用教育机智的原则

（一）主体性原则

所谓主体性原则，即教育机智表现为尊重教育对象的主体性地位，以学生发展为本。学习必须是学习者主体性的参与，让其自己去体验、去内化。机智的教师应该靠近教育对象，站在他们的身旁，善于发现他们感兴趣的事物及事物中所隐含的教育价值，把握时机，积极引导，帮助其认识他们要跨越的地方，为他们找到有效的方式，帮助他们实现心智成长。如果只是简单地期望教育对象向教育目标和教育者的要求靠近，这是不恰当的。主体性原则的首要之义在于尊重学生，尊重学生探究的需要。其次要激发学生的思维，找出核心问题，并努力去解决问题，从而提升学生的思维能力。再次，有助于学生形成好的习惯和价值观，有利益于促进学生道德品质的发展，潜移默化地生成道德。

具有道德智慧的教师，会在尊重学生意愿的前提下提供机会，并适当引导和鼓励，激发学生的主体意识，促进学生心智模式的改变，从而使其更加主动地参与教育过程。

有时候课堂上的一件小事、一种情绪，看起来似乎与课堂教学关系不大，也许安顿一下也就过去了，但如果能看到事件本身蕴含的教育价值，抓住偶然的教育契机，运用教育机智，可以帮助学生更好地面对问题、解决问题。如上文案例3中的钱老师，运用平等对话的方式，引导学生积极参与探讨，解决自身存在的身份与角色的困惑问题，从而建立自立自主意识，实现心智模式的转变。整个对话的过程，既体现了学生的主体地位，又提升了学生的思维品质，同时让学生在外引内省的过程中找寻到最科学的解决问题的态度和方法，获得健康发展与成长。

（二）因势利导的原则

所谓因势利导原则，就是指教师应顺着事情发展的趋势，向有利于实现目标的方向加以引导，达到正确教育效果的指导原则。具体发现在当教学过程中出现意外事情时，教师应随机应变、对症下药，并且在处理时掌握好教育的时机和分寸。这就要求教师具备较强的直觉感知能力，善于捕捉生活中的教育契机，依据具体的教学情境与学生的性格特征、情绪状态等要素，机智调整自己的教育教学策略，化消极因素为积极因素，从而取得良好的教育效果。教育中的因势利导，除了要求教师在具体情境中努力使自己的行为适合当前情境，为有效达到其目的做出敏捷的判断和决定之外，还需要教师在平时教育教学中注意观察学生，掌握学生的性格特点，了解学生身心发展变化的规律。要认识到每个学生都有这样或那样的优点和长处，蕴藏着等待诱发的积极因素。以此为前提，利用学生的积极因素，帮助他们扬长避短、择善去恶，使其自身逐步积蓄克服缺点的内在精神力量。

比如课堂上，当教室里飞进了几只蝴蝶，教师可以视蝴蝶对学生的影响情况以及蝴蝶与教学内容的相关性等做出不同的处理。如有一位音乐老师就机灵地教授教材上与蝴蝶有关的歌曲，让学生在观察蝴蝶的同时对歌曲表达的内容有了更深的体会。有一位老师发现学生的目光都往蝴蝶方向瞄，本想因势利导上一堂作文课，后来发现让孩子们不带着任务看蝴蝶，看完蝴蝶后，学生反而更加专注了。其实，在这位老师让学生们不带着任务观察十分钟蝴蝶的过程中，教育已经蕴含在内：对大自然的热爱，观察能力的培养，天真烂漫的童心童趣的放飞……

教师根据学生的要求和愿望，智慧地选择教育的方式，在循循善诱中、在耳濡目染中，培养学生的优良品质，促进学生的成长。

二、提升教育机智的策略

（一）增强教师的积极性和责任感

教师的责任心、情感、意志、个性等都会对教育机智起到制约或促进作用，具有高度事业心和责任心的教师才有可能发现问题，才会积极主动地去解决问题。情感可以为教师的思维和行动导航。如果教师热爱教育工作，热爱学生，那么他就会以关心、宽容的态度正确处理问题，这也为教育机智的产生提供了可能。

要提高教师的工作积极性，就是要引导教师正确评价自己的工作成绩，正确评价自己的能力和水平，创设较好的教育教学情境，引导教师树立可以达到的目标，从而激发教师工作的热情，培养教师积极的情感，使他们真正从内心深处热爱自己从事的职业和自己的学生，充分激发教师的创造力，提升教师运用教育机智的能力。

（二）通过心理训练增强教师心理素质

教师心理训练就是指用心理学的专门方法影响教师的心理状态，使其形成教师职业所需要的基本心理素质。教师工作不同于物质生产部门的工作，它面对的是具有不同个性的活生生的学生。因此，有较高的心理素质是教师教书育人的前提。进行适当的心理训练以增强心理素质对教师职业无疑是有重要意义的，具体可以从认知能力、心理品质和心理技巧和专业技巧等方面进行。

（三）增强学习能力和教育教学反思能力

道德智慧的提升需要广博的知识与丰富的经验，教师教育能力与教师持续学习的能力相辅相成。因此，培养教师的学习能力相当重要。在教育教学工作中所涉及的知识不仅仅限于课本上的内容，还要扩展相关知识，并在此基础上拓展自己的视野。渊博的知识来自终生学习，学习是教师最重要的职业需求。

教育是需要经常自我反思的，没有反思就没有教育的长足进步与发展，教育教学的反思能够促进教育机智实践智慧的增长。教师教育机智是在经验和实践的基础上逐步提高的，知识经验对教师教育机智水平的提高有极大影响，工作经历的丰富和生活经验的积累，使教师的认知水平和辩证思维能力有了一定的适应性发展。教师在教育教学过程中不断学习、不断总结、不断反思，会促进教育机智的养成。其中，反思是最关键的一环。反思既是一种总结，也是一种学习方式，经历"实践—反思—实践"的循环过程后，教育机智水平会不断提高。因此，教师在教育教学工作中，要不断提高自己的反思能力。

教育是教师与学生心灵的美丽相遇，教师的举手投足、一言一行都有可能对学生产生深刻的影响。教师在处理课堂生成性事件的过程中，一定要遵循教育原则，灵活应变，因势利导，以自己高尚的道德情操，智慧的教育方式，幽默生动的语言，丰富准确的表情，耐心细致地消除教学的障碍和矛盾，引导学生进入积极的情绪状态，将意外化为精彩。

第五章

引领发展：教师道德智慧的实践指向

第一节　对象感的确立

问题与分析

🌰 问题直击

　　年轻的黄老师第一年做班主任，不管教学还是班级管理工作她都是严格认真，事无巨细。课堂教学上，为了能让学生提高学习效率，她总是放弃课余休息时间，利用一切可以利用的时间盯着学生读、背、写。宿舍管理上，厕所、床铺、鞋架……任何一个地方她都严格要求。学生做不到位的，她就自己动手，一个死角也不拉。自修课时她不时跑到教室查勤，不允许学生有任何与学习无关的动作出现。中午放弃休息她陪着学生在教室自修，有人不遵守纪律就严加管教，教室外经常有罚抄、罚站的学生。她还经常性利用班主任身份的优势，占用自修课或课余时间给学生补课、订正，跑操时也一圈不落陪着学生，发现有偷懒的情况不管什么场合立马严厉批评。有时候下课的时候还不放心，要跑到教室看看，恨不得盯着学生上厕所，就担心学生有违纪事件出现。晚自修结束也要在学生宿舍待到熄灯，还在外面蹲点，直到听不见宿舍内发出声音方才离开。学生有任何困难，作为班主任的她总是冲在前面，自我感觉每天花了很多的精力在学生身上，觉得自己辛苦的付出，学生一定是应该感谢她的。可开学几周后，有学生特意跑到办公室告诉她，班里同学对她的种种描述，比如有同学说她像鸭子又像老母鸡，年轻又爱漂亮的黄老师万万没有想到学生对她有这样的评价，禁不住在办公室里放声大哭，认为自己的努力得到学生如此的评价，真是太失望了。

　　学生是怎么描述她的呢？说她走路像鸭子（因为她走路有点外八字），做事像老母鸡（很凶，管得太多）。学生是在怎样的情形下描述她的呢？原来那周心理课的主题是说说我们的班主任，很多学生说班主任漂亮、负责、有爱心。也有一些同学说班主任严厉、管得多，随意占用学生空余时间，希望班主任宽松一点。结果同学只转述了部分观点，黄老师只了解了部分评价。在心理老师的解释下，黄老师了解了同学对她评价的真实意图，自己也笑了。

为了能提高管理班级的能力，提高学生对她的接纳度，小黄老师带着疑惑向其师傅杨老师请教，并提出想跟班学习。她看到杨老师班并不像她一样每天从早到晚都盯着学生，也不占用学生的午休、自修课讲作业。班里有明文规定，自修课老师不进班。小黄老师心想老师不看着学生，不会乱套了嘛。事实并非如此，宿舍、班级实行学生自主管理，学生都很自觉地按章办事。她还发现杨老师班有一批能干的班干部、组长、舍长，很多时候学生自己就把问题解决了，都不用通过班主任去处理。班会课用来商讨班级事务，学生自由发言，协商制定方案。有时候她还看到杨老师班的学生在班会课上会因为某一项规则的修订，互相之间据理力争，让她觉得很惊讶。学生竟然能对班级事务如此用心，全然像是班级的主人。杨老师告诉她，班级刚成立的时候，他一开始会根据学校的规章制度和自己的经验规定试行的要求，运行期间认真听取学生的反馈并不断根据学生的情况和需求进行调整，而不是班主任一言堂。对于暂时行为上达不到要求的学生，杨老师会仔细了解其想法和具体的困难，而不是一味地批评。杨老师经常会找学生交流，了解其个性和心理状态，帮他们解决心理困惑和实际困难，逐渐班里的学生也都很愿意和班主任交流，师生之间建立了良好的关系，也有了更多积极主动的互动。

🦋 问题诊断

年轻的黄老师作为班主任对学生严格要求的出发点是好的，但是违背了尊重学生权益、以学生为主体的基本理念。

无论是教学工作还是班主任工作都要严格遵守《教育法》《中小学班主任工作规定》《中学教师专业标准（试行）》以及有关教育的法律、法规，依法开展管理活动。应调动和发挥学生的主动性，尊重学生身心发展特点和教育教学规律。应全面了解班级内每一个学生，深入分析学生的思想、心理、学习、生活状况。应关心爱护全体学生，平等对待每一个学生，尊重学生人格。应采取多种方式与学生沟通，有针对性地进行思想道德教育。班主任在态度与行为上还要做到信任学生，积极创造条件，促进学生的自主发展。在个人修养与行为上，教师应乐观向上、热情开朗、有亲和力，善于自我调节情绪，保持平和心态，勤于学习，不断进取。

黄老师的行为具有代表性。从表象上看，像黄老师这样的年轻班主任可能都会有这样的行为或状态出现。一是新官上任三把火，既是年轻教师又是新班主任的她，带着满腔热忱投入工作，就班级管理出台了很多严厉的措施，学生一有犯错行为，严格按照规章办事。俗话说得好，"无规矩不成方圆"，可见年轻班主任担心的是一开始在学生中没有威信，以后就更难管理好班级，所以往往对学生严加管教。二是对班级管理成效有速成、理想化的期待，认为自身尽心尽力地工作一定会换来学生认真遵守班级班规、班主任指东学生肯定不会往西的理想状态。而一旦学生行为和自己的理想不一致，往往容易出现情绪化甚至是情绪失控的言行，认为学生顽戾、不好管理或全盘否定自己的能力和努力，出现焦虑、紧张等负面情绪。

为何黄老师会有如此言行，其一是眼里还没有人。认为学生自身缺乏主动管理的意识和能力，一定是需要严格约束的，只有严格的管教才会有良好的行为出现。忽略了学生的主动性，意识不到每一个学生都是独立和独特的个体，违背学生心理需求的管理必然不被学生理解和接受。青少年每一个发展阶段都有其独特的心理特点和发展需求，在教学和班级管理中不了解工作的对象，缺少人性化管理的意识和举措，只是单方面的管教而没有双向的沟通，不教给学生解决问题的方法，而是全程监控、包办他们的学习和生活，必然不能有效地工作。其二是眉毛胡子一把抓。管理工作缺乏侧重点，太苛求面面俱到，虽然劳心劳力，但成效必定不显著。只有在观察了解学生的基础上，根据不同的学习阶段要找准工作的侧重点，才能集中精力，有的放矢。其三是自身心理准备不足。既缺少对学生主体性地位的认识，又没有认识到自身管理模式的理想化、单向化、单一化问题。所以，一旦出现新问题，因其心理准备不足就较为容易出现负面情绪。而杨老师在班级管理中时刻把学生放到了主体地位，学生被尊重、被信任、被允许，极大地发挥了学生的主观能动性，师生之间也逐渐建立相互尊重、信任的关系，真正实现了学生主体、教师主导的教学关系。

作为学科教师和班主任要时刻不忘学生在教育教学中的主体地位，帮助每一个学生建立个性化的学习和发展方案，成为学生成长的顾问和导师。学生是教育活动的主体，教师要发挥教育的主导作用，必须建立在良好的师生关系基础上，了解学生、认识学生，针对学生的生理和心理发展特点，有针对性地组织开展有益身心健康发展的教育和班级活动，指导学生德智体美劳全面发展。

理论与应用

◎ 理论导航

从心理学和教育学角度讲，智慧是一种悟性，是一种心理认知，是人们获取知识、运用知识与升华知识的主体性能力。道德智慧作为智慧的一种表现方式，可以理解为人们运用道德知识、道德经验和道德能力对自己、他人、社会和自然的关系的积极的道德审视、道德觉解、道德洞见，并对他人、社会、自然给予历史的、未来的多种可能性关系的明智、果敢的判断和选择"。[1]

教师道德智慧具有人文关怀精神。所谓人文关怀精神，是指教师能以人文精神为其思想内核，以充分尊重人、理解人、肯定人、丰富人、发展人、完善人为宗旨，从而倡导以人为本，以建设人本身、以促进人的全面发展为内在尺度的一种价值取向。人文精神是人之所以为人的根本精神，其目的是为了人、为了人的利益、为了使人能趋利避害，它是一种合乎人性、合乎人

---

[1] 张茂聪. 道德智慧：生命的激扬与飞跃 [J]. 教育研究，2005 (11).

的道德与审美理想、合乎人们的情感意向的品质。[1]

教师的人文精神体现为"以学生为本"，体现为一切为了学生、为了一切学生和为了学生的一切，它是建筑在自己的理性认识的基础上的。教师和学生是学校教与学过程中的两大主要参与者，二者之间的地位、关系从古至今都受到学者的广泛重视。18世纪末19世纪初，以赫尔巴特为代表的"传统教育派"提倡通过教学来实现教育，注重教师的"教"，以教师中心；19世纪末20世纪初，以杜威为代表的"现代教育派"提倡将教育的重心从教师、教材转移到儿童身上，强调"儿童中心"；20世80年代，顾明远先生提出教师与学生的"双主体"。经过更深度的解读，到我们现在所熟知的"教师主导作用，学生主体地位"，由此可以看出师生在教学中的地位、关系与时代发展、社会现状、人们对教育观念理解密不可分。

近些年，教学论界关于"教师主导、学生主体"的提法比单独提"教师主导作用"或"学生主体地位"更向规律性认识靠近。对"教师主导与学生主体"的理解，既可以从社会学角度去考虑师生关系，也可以从哲学角度辩证看待主客体关系，还可以从教育学角度看待教学的对象。学生主体不等于让学生自由生长，而是要有的放矢，学生主体地位需要在教师的主导下实现，在不同的时间段、面对不同的学生需采取不同的方法。"学生主体"强调学生在教学认识过程中的地位教学中，学生的认识是为了更好地理解、掌握、继承与创新，这是教学更为根本的追求，也是人类社会需要教育活动存在的根本原因。[2]

一、学生居主体地位的原因

（一）学生是独立生长的个体

学生作为一个独立的人，处于自身个性全面和谐发展的阶段，在自我的

---

[1] 杨翠娥.论教师的道德智慧.教育探索，2009（9）.

[2] 王辉，陈淑清.教师主导与学生主体的内涵与实践路径研究.长春教育学院学报，2018（12）：第34卷.

成长与发展过程中处于主体地位，这种主体地位是任何外力都不可替代的。

（二）学生是学习的主体

学生的主体地位也是客观存在的，不是外力影响而产生的。学习的过程其实就是学生个体寻求主体性发展的过程，学生主体在学习过程中有意识寻求在知识、技能、情感、价值观等方面的发展，这就是学生寻求自我发展的有力体现。

二、教师起主导作用的原因

（一）教师的个体内部因素

教师能够从事教师职业，说明其有着一定的学科知识、教学技能与方法，也有较强的自主学习、自主提高的能力。在年龄及心智上，教师是相对成熟与稳定的，学生则处于生长状态，仍处于发展变化之中，需要教师来进行引导。同时，教师作为一种职业，在入职前有专门的培训，掌握系统的知识体系、相对完善的人格以及教学所需的诸多技能，教师在心智、知识、能力等方面都优于学生。这说明在师生关系中，教师的整体知识素养、社会阅历等方面较之学生有一定的优势，这就决定了教学过程中教师需要对学生进行引导，促进学生主体性的发挥。

（二）教师的外在驱动因素

社会对教师有一定的要求，在《义务教育法》中规定了教师有"执行学校的教学计划，履行教师聘约，完成教育教学工作任务"的义务。教师承载着国家给予的责任、社会担当、家长的信任，从事专门的教学工作。在教学过程中，教师要充分调动学生学习的主动性。如果没有赋予教师主导的权利，教师不能进行有力的"主"与"导"，那么"教"必然会受影响，"学"也就不知何为，即不能构成有效教学。教学的内容、教学内容的整合与组织、教学方法等都主要由教师负责，教师的主导会深刻影响学生主体作用的发挥。

三、"教师主导学生主体"的内涵

教师与学生从个体上来说是独立的，其在自己的成长与发展过程中均为主体。但通过教学这个学与教统一的活动，师生相互联系，学生在这一过程中掌握知识和技能、获得情感态度价值观的熏陶，实现自身的成长与发展。

（一）"教师主导"是教学中的重要部分

教师主导是对教学过程中教师角色的一种阐述，是对教师与学生关系的一种回应。教师主导作用贯穿教学的始终，教师在教学过程中扮演着多重角色：备课阶段，教师是一名教研者、探索者；上课阶段，教师是一名教育者、引导者；在作业批改阶段，教师扮演一名评价者。但教师主导不能走向极端，教师主导不等于教师权威，不等于教师处于主要地位，不等于教师决定学生，应是在学生主体基础上的主导。其实，教师的主导作用只是形式上产生变化，由内容引导、知识引导等转化为方法的引领、思维的激发。总的来说，教师是以学生主体地位为基础而起到主导作用。

（二）"学生主体"是教学的基本前提

学生作为教学中的主体，其学习是主体性的学习，是自我寻求的主动学习。学生主体地位的实现不是依靠外界的培养或通过某些外力因素形成的，在教学的整个过程之中，学生主体是教学的基础。但是因为学生的心智仍处于发展变化中，所以其在学习实践的过程中需要教师、家长等的引导。

（三）用联系的观点看待"教师主导与学生主体"

教师与学生的关系，必然从教师和学生两个角度进行分析，这就需要将教和学分开，不能只看到二者的对立部分而忽视其是有机联系的整体。当前对学生主体地位有所忽视，学生在教学过程中是被动的，那么是要放大学生主体而忽视教师的主导吗？这是不妥的。学生主体不等于让学生自由生长，而是要有的放矢，学生主体地位需要在教师的主导下实现。例如在小学阶段让学生自由发展、充分发挥主体性，对其发展不一定有好处，在中学阶段过分限制学生的空间也并非对"教师主导与学生主体"的合理阐释，所以在不同的时间段、面对不同的学生应采取不同的方法。在对教师主导与学生主体进行分析的过程中必须用联系的观点来看待二者的关系。因为教与学永远不可能分离，教师主导与学生主体亦是如此，二者密不可分。学生主体地位是毋庸置疑的，而教师的主导是促进学生认识能力形成、发展的最为重要的外力。反过来讲，教师的主导作用也是要在学生的主体地位基础上发挥作用的。教师不能将"主导"演变为"权威"，教师的主导需要以学生的主体地位为前提，以促进学生的主体性、促进学生的发展为目标。要把握好这之间的"度"，既不能让学生放任自流，也不能夸大教师的作用，在自由和自主的环境下引导学生，促进其发展。

❀ 行动研修

道德智慧型教师通常能无私地关爱学生，不论学生的学习成绩是优还是差、行为习惯是好还是劣、长相是俊还是丑、家庭是富有还是贫困，教师都应一视同仁地给学生以平等的爱。这种爱既表现为对学生个性的尊重与宽容，也表现为能针对每一个学生先天的和后天的差异而因材施教，从而尽一切可能发展他们各自的天资禀赋和兴趣爱好。[1] 杜威曾指出："教育并不是一件'告诉'和被告知的事情，而是一个主动和建设性的过程。"教育家第斯多惠指出："发展与培养不能给予人或传播给人。谁要享有发展与培养，必须用自己内部的活动和努力来获得。"教学认识论认为："学生主体活动是教学认识实现的机制，是联系教学主导、主体、客体的中介、桥梁。"教师应该在学生主体活动中提升主导观念并帮助学生确立主体地位。

一、把握教师主导与学生主体的有机联系

教师主导作用与学生主体地位并非对立的两个部分，教师主导并不意味着学生处于被领导地位，学生主体也不意味着教师处于无力、无用地位。教

[1] 杨翠娥. 论教师的道德智慧. 教育探索，2009（9）.

师主导作用的发挥是以学生主体为基础的，学生的主体地位必须在教师主导下实现，二者是相互关联、不可分割的整体。在教学过程中，必须用联系的观点看待二者之间的关系。学生学习需要在教师的引导下进行，但是，教师的"教"不能脱离"学"，否则就毫无意义。要用联系的观点看待教师与学生的关系，因为其总体目标是一致的，即促进学生更好地发展。

二、注重学生意识化教育

注重学生的意识化教育，加强他们的自为意识与实践意识，锻炼自主创新，张扬个性的能力。巴西作家保罗·弗莱雷说："意识化使人寻找自我肯定，并避免狂热的产生。"学生通过接受良好的意识化教育，会消解因对现实生活的不满而产生的"狂热"发泄，重新焕发生命的活力。应明确学校教育的对象是人，教育的目的是"使人成其为人"，教育的手段和方向都应指向学生主体的良好建构。学校的意识化教育，包括对学生情操、品德、价值观、创新能力等一系列相关品质的培养，为塑造新型的符合社会发展的现代化人才进行全方面的构建。

三、重视自身素质的提升

首先，要树立学生主体活动建构需要且必需教师主导的观念，意识到教师在学生主体活动建构中具有无可取代的价值，增强教师的角色认同感。其次，积极寻找培训或其他专业成长的支持。比如，观摩名师课堂，观察教学名师如何在课堂上引导学生活动，尤其是如何以任务驱动学生主体活动建构，总结提炼经验，进而引导教师进行教学反思，总结自己在教学中的优势和不足，并在之后的教学实践中进行有针对性的改进。

四、提升对学生主体活动的主导作用

教师应引导学生积极主动地进行外部活动及其内化、内部活动及其外化。一方面，教师依照客观知识所内含的活动方式将知识打开，可以通过口头讲

授等言语方式将知识展开，也可以通过操作演示等方式将知识展开，并按照知识内含的活动方式组织学生活动，帮助学生进行知识的内化。教师应引导学生经历知识发现的过程，进而帮助学生掌握知识以及知识蕴含的思维方式、思想情感等。完整的学习过程除了学生主体外部活动的内化，还包括内部活动的外化过程。因此，教师对学生主体活动的主导还体现在对学生主体内部活动的外化上。教师可以通过布置练习，让学生将所学的东西外化出来，起到检查、巩固知识的效果；或者通过创设问题情境，让学生在解决问题的过程中活学活用，从而增强问题解决能力等。[1]

五、与学生建立温暖的关心关系

应不断学习积极心理学理论和技能，自如应用到生活和工作中。教师的作为对学生的行为有着直接的影响。教师应不断进行自我反思与总结，加强自身职业水平与道德水平的发展，树立良好榜样。教师应对学生的自主行为多给予帮助与认可，鼓励他们在实践中不断完善自我意识、自为意识以及实践意识，重拾对自我认知的信心，进而激发当代青少年的自主性和创新性、实践性精神。[2]

[1] 陈婷婷. 指向核心素养培育的学生主体活动建构. 教育理论与实践，2019（10）：第 39 卷.
[2] 蔡菁. 学生主体意识的异化及其回归. 教学研究，2017（2）：第 40 卷.

第二节　人格感的塑造

问题与分析

🔹 问题直击

　　高二（3）班班主任李老师最近工作上遇到了烦心事，到学校心理室求助。以下是李老师的叙述：班里有个叫刘星的女孩，聪明，反应快，语速也快，个性刚直外露。高一第一学期学习成绩中上水平，并呈上升趋势。但从高一第二学期末开始，结交了一些朋友，在暑假中经常到外面与朋友们玩，也慢慢开始注意打扮修饰。高二开学不到一个月出现了逃课现象。师生关系、亲子关系逐步紧张，经常被叫到办公室进行批评教育，有时一周甚至要去好几次德育处。这次期中考试总分下滑，原来学习在班级处于中上游水平，现在已经到了中下游状态。班主任不管怎么说怎么做，她都一副刀枪不入的样子，家长也拿她没办法。李老师感慨，对这个学生是什么方法都用过了，但她还是老样子，一点没有悔改的意思。李老师和我约好下周带刘星来心理室，希望能找到她问题的症结。

　　刘星是被父亲带来心理室的。据父亲说，一开始她表现得很抗拒，不想来，在路上还扬言，不管是什么老师，她都会把他骂出去！果然，她进门入座后便梗直脖颈，挺直腰杆，将头发甩到脸前挡住视线，摆出一副桀骜不驯的模样。

　　心理杨老师请她父亲先离开，然后和善地和她谈了几句家常话，而刘星的回答是"是、还好、不知道"。杨老师很快把话题一转，切入了正题："我想你逃课一定是有原因的。也许在这几个月当中，你遇到了许多令你烦恼、不爽的事情。你愿意把这些故事告诉我吗？"刘星最初的反应是愣了一下，可能她根本没有想到老师会以这样的方式开始谈话，也许这样的话语和语气对她来说早已陌生。但是很显然，她被杨老师的真诚打动了。于是，从一开始的三言两语和细声细语，很快就转向了滔滔不绝的快言快语。杨老师记录了刘星倾诉的要点：李老师是她高一到现在的班主任，高一的时候对她还挺好，虽然刘星不是班干部，但许多事情李老师还是叫她去做。高二一开始李老师也还不怎么说刘星，到了9月下旬，有一次刘星在李老师的英语课上吃话梅，李老师叫刘星不要吃，但她不听，李老师就让她站在过道上，后来看到刘星一脸不受管教的样子，很生气地让刘星罚站到了教室外的走廊上。下课了，其他班同学都用异样的眼光看着站在走廊上的她，让她心里很烦躁，对李老师也开始有了敌对情绪。实际上，刘星自己袒露到高一下学期就开始有厌学情绪，觉得上课没意思，不想听也听不进去。再加上这次李老师让她罚站的经历，她开始有了逃课的念头。有一次体育课，趁着体育老师不注意，她和班里几个男女同学溜到了学校超市闲逛，结果被体育老师发现并报告了班主任。班主任很生气，一是因为逃课，二是认为她和男生在一起有早恋的倾向，为此事严厉批评了刘星，并喊来了家长。李老师看刘星毫无悔改的样子，很生气地骂了她。后来刘星在学校的表现更不尽如人意，上课不听讲、作业拖拉、逃课……其他任课老师因为刘星的言行也经常对她批评教育。只有语文王老师没有改变态度，一直是很客气地和她说话，也会经常找她聊聊，用委婉的语气和她说说作业、早恋的事情。所以，刘星觉得王老师说的她是能听进去的，语文作业每次也都是完成的。在刘星看来，现在很多同学都有男女朋友，大家在一起聊天、玩玩，也没有做什么事情。但是老师硬说她是早恋，这是她不能接受的，所以和班主任的矛盾愈加激烈。以前从来不去德育处，这个学期她变成了常客，让她心里不能接受。

问题诊断

班主任李老师对学生严格要求的出发点是好的，但是忽视了学生年龄阶段的心理特点和道德认知，忽视了尊重学生的独立人格，以及个体差异的存在。

无论是班主任工作还是教学工作都要严格遵守《新时代公民道德建设实

施纲要》《中学教师专业标准（试行）》《教育法》以及有关教育的法律、法规，依法开展管理活动；加强思想品德教育，遵循不同年龄阶段的道德认知规律，把社会主义核心价值观和道德规范有效传授给学生，注重融入贯穿；把公民道德建设的内容和要求体现到管理体系建设中，使传授知识过程成为道德教化过程。此外，《中学教师专业标准（试行）》明确规定，对学生的态度与行为要求是：要尊重中学生的独立人格，维护中学生的合法权益，平等对待每一位中学生。不讽刺、挖苦、歧视中学生，不体罚或变相体罚中学生。尊重个体差异，主动了解和满足中学生的不同需要。信任中学生，积极创造条件，促进中学生的自主发展。个人修养与行为要求是：善于自我调节情绪，保持平和心态。在教育知识方面的要求是：掌握教育心理学的基本原理和方法，了解中学生身心发展的一般规律与特点。了解中学生世界观、人生观、价值观形成的过程及其教育方法。了解中学生群体文化特点与行为方式。在班级管理与教育活动方面的要求是：根据中学生世界观、人生观、价值观形成的特点，有针对性地组织开展德育活动。针对中学生青春期生理和心理发展特点，有针对性地组织开展有益身心健康发展的教育活动。指导学生理想、心理、学业等多方面发展。与学生沟通与合作方面的要求是：了解中学生，平等地与中学生进行沟通交流。

李老师的行为具有代表性。作为班主任，她严格管理班级，要求学生遵守班级班规的出发点是正确的，但是在工作的过程中缺少了对中学生身心发展规律和特点的了解，因而也就缺少了正确、合适的工作方法。刘星是青春逆反期学生的代表，她渴望他人尤其是老师的关注，喜欢表现独特的自我，每天有生活在舞台上被无数双眼睛关注的感觉。如果得不到老师和同学的正面关注，即使是负面关注也会比被老师和同学无视的感觉好。刘星课上吃话梅的行为在某种程度上是为了表现自我，引起老师和同学的关注。但时间、地点、方式都不合适，李老师理应对她的行为提出指正，让刘星知道这样的行为表现是不妥的。但李老师采取的是当众批评，把她拉到教室过道、走廊的方法，这样的方式使刘星有了被当众羞辱、面子扫地的认知，这对于青春期的学生来说是难以接受的。可见，李老师的做法不但没有起到教育引导的作用，反而更激起了刘星接下来一系列言行上的反抗，充分表现出青春期学生特立独行、不服管教、挑战权威的行为特点。随后，李老师多次在办公室、德育处等公共场合批评刘星，让她一次次有被当众羞辱的感受，因此李老师也就失去了很多次教育引导刘星的机会，很大程度上也积累了刘星对李老师的不满，加深了两人之间沟通的障碍。

需要指出的是，在异性交往问题上，李老师、其他任课老师和刘星的认知是缺少沟通的。首先，要了解异性交往对学生健康发展的重要性，它有利于促进学生身心健康发展。其次，要了解异性同学的交往有不同的方式，很多时候不能笼统地用"早恋"替代异性交往行为。教师要引导学生学会正确的交往方式，而不是先给学生戴上"早恋"的帽子。教师在和学生沟通异性交往话题时应该像案例中的语文王老师一样，语气委婉，用平等、尊重的态度与学生交谈，这样才能获得学生的信任，也有进一步对话的可能。记住，我们给学生做工作的目的不是批评，而是希望学生获得更多处理问题的方法，提高解决问题的能力。所以，尊重学生人格，用平等对话的方式，看到学生不同的需要，是我们对待学生应有的态度和行为。

还需要看到的是，李老师在和学生沟通时没有注意提高个人修养与行为，没有把握好情绪的自我调节、保持平和心态。表达情绪是需要的，但是要注意方式方法，通过骂甚至是打的方式，只能达到发泄的目的，不但不利于解决问题，反而加深了与学生沟通的难度。

理论与应用

◎ 理论导航

道德智慧是从道德领域的角度提出的具体智慧，是指道德接受主体在种种复杂情感、生命经验的作用下对道德戒律（概念、规范）进行判断、择取、整合、内化过程中表现出的综合能力。教师的道德智慧是在教师工作实践中不断历练和完善的。离开丰富多彩的教书育人的实践，教师的道德智慧不仅难以施展，而且难以完善。

　　教师道德智慧的历练，归结起来主要表现在道德感知能力、道德评价能力、道德选择能力、道德想象能力和道德感染能力等的历练与完善。（1）道德感知能力的历练。所谓道德感知，即道德主体与认识对象发生一定的关系后形成的最初的感知觉，也包括关于认识道德特征的某种印象。教师的道德感知通过其活动、行为、关系表现出来，反映的是教师的道德信念和价值观念，是由教师的道德感知的主体走势、期待、需要和价值模式决定的。（2）道德评价能力的历练。道德评价是指评价主体根据一定的道德准则对自己、他人或社会群体的品质、行为和可感知的意向所表示的善恶、好坏的价值判断和褒贬态度。道德评价全部渗透在道德活动之中，道德价值标准是进行道德评价的依据。建立在正确的道德价值标准基础上的教师道德评价能力，既是教师内在道德智慧的有机组成部分，更是教师外显道德智慧的重要体现。（3）道德选择能力的历练。道德选择是人们在一定的道德意识支配下，根据某种道德标准在不同的价值准则或善恶冲突之间所做出自觉自愿的抉择。虽然道德选择的直接依据是一定的道德价值标准，但确定道德价值标准的内在尺度则是主体的需要和利益。（4）道德想象能力的历练。"道德想象是由我们人类头脑的所有情感与智力综合形成的对于是非对错的反应能力。"教师在学生心目中的形象就是学生所观察到的教师的为人处事留给他们的印象，使学生们不断模仿、积累、储存其所得，从而形成他们自己的道德想象力。（5）道德感染能力的历练。道德感染力主要是指个体的道德行为或道德人格使他人心灵深处引起相同的情感影响力。教师的工作无时无刻不通过自己的道德行为或道德人格给学生以感染，有些感染会对学生终生产生影响。这是一种极具辐射力的影响，闪烁着独有的道德智慧的光华。教师道德感染力的历练最关键的就是对自己道德人格的塑造与不断完善。[1]

　　关于人格，在这里采用西南大学黄希庭教授的健全人格的提法。它是一

　　[1]　谢广山.教师专业化视界下的教师道德智慧.三门峡职业技术学院学报（综合版），2006（12）：第5卷第4期.

个开放系统，是指一个人按照自己设定的人生目标，不断充实自己、发掘自己的潜能，按照自己选择的人生目标不断幸福进取的人格。因此，健全人格模型也称为幸福进取者模型（黄希庭，尹天子，2016）。健全人格是十分重要的标准：（1）对世界抱有开放态度，乐于学习和工作，不断吸取新经验。（2）以正面的眼光看待他人，有良好的人际关系和团队精神。（3）以正面的态度看待自己，能自知、自尊、自我悦纳。（4）以正面的态度看待现在和未来，追求现实而高尚的生活目标。（5）以正面的态度对待挫折，能调控情绪，心境良好。总之，所谓健全人格就是以正面的态度对待世界、他人与自己、过去现在与未来、顺境与逆境，做一个自立、自信、自尊、自强和幸福的进取者。

健全人格的决定因素：（1）生物遗传基础。健全人格的形成离不开个体的生物遗传基础。个体的神经系统（特别是脑）的特性、体内的生化物质乃至身体外貌特征对人格都有影响。（2）人格基础。人格本身就是一个内涵非常丰富的模糊概念。我们把人格定义为个体在行为上的内部倾向，它表现为个体适应环境时在能力、情绪、需要、动机、兴趣、态度、价值观、气质、性格和体质等方面的整合，是具有动力一致性和连续性的自我，是个体在社会化过程中形成的给人以特色的心身组织。（3）文化基础。生活在不同文化中的个体，由于特定的文化影响，他们看问题的角度、思维方法、情感体验、行为模式都浸染着所在文化的特点。（4）个体与环境的交互作用。健全人格的形成离不开环境的影响，包括胎内环境、家庭环境、学校教育、社会阶层等等。但是个体对环境的影响并非被动地加以接受，而是能主动地作用于环境。个体与环境的动力交互作用随时随地进行着。自立、自信、自尊、自强这"四自"不仅是颇具我国文化传统的人格特征，也正是健全人格的基础。[1]

学校是学生健全人格形成的重要环境，教师的健全人格对学生健全人格

---

[1] 黄希庭，郑涌，李宏翰. 学生健全人格养成教育的心理学观点. 广西师范大学学报：哲学社会科学版，2006（7）：第42卷第3期.

的养成起着重要作用。调查发现，学生心目中理想的教师人格特征是：（1）具有崇高的品德和价值，敬业爱生、教书育人，具有高度有恒的责任感和求实精神、奉献精神和人梯精神的思想政治品质。（2）具有强烈的责任感，对学生有深厚的情感、坚强的意志和适应教师工作的良好性格，兴趣广泛，富有理性创新和成熟的自我意识等心理品质。（3）遵循教育教学规律，具有深厚广博的才识和熟练的教学艺术、严谨的治学态度、高度的教育教学效能感，创造性地进行教育教学的能力品质。（4）真诚、公正、善良、独立、文明等道德品质。总之，中学生喜爱的教师理想人格是符合教师角色的，体现时代精神的，具有自觉意识和原创能力及其执着精神和奉献精神的独立的稳定的整体完善的人格。[1]

❀ 行动研修

促进学生健全人格的养成，教育者可以进行以下尝试。

一、树立道德智慧引领的意识

杜威曾说，如果放任儿童按照他自己的无指导的自发性去发展，那么从粗糙的东西发展出来的只能是粗糙的东西。学生健全人格的养成，体现着教师的道德智慧，是教师一种知物、知人、知己的综合意识和能力。教师的道德智慧，是一种适度、和谐、共处与共生、圆融的智慧，是一种实践智慧，是一种对时间、地点、方式是否恰当的判断能力，以及在恰当的时间、地点、方式下做正当的事的能力。[2]

二、塑造教师自身的健全人格，激发教师人格的教育力量

习近平总书记明确指出："做好老师，要有道德情操。老师的人格力量和人格魅力是成功教育的重要条件。"习近平总书记的重要论述告诫我们，教师的良好人格对学生具有榜样示范作用。因此，切实加强教师良好人格教育，

---

[1] 吴光勇，黄希庭. 当代中学生喜爱的教师人格特征研究. 教育研究与实验，2003（4）.

[2] 陆敏，镜像策略：漫谈教师道德智慧的生成. 教育视界，2019（1）.

督促教师树立和保持优良的师德师风，充分发挥教师在立德树人中的重要"主导作用"，具有促进教师发展和引领学生成长的双重积极意义。要处理好接受教育和自我教育的关系。自我教育是教育的最高形式，也是最基本的形式。教师教育并不意味着教师必须脱离工作，到专门场所，在指定时间内接受某些专门教育，教师教育的本质应是教师的自我完善。因此，教师要主动掌握学习和教育的方法，开阔视野、更新观念，通过接受教育形成自我教育的基础和能力，通过自我教育达到自我完善的目的。[1]

三、社会、学校、家庭形成合力，共同为学生人格塑造营造有利条件

应积极运用社会传媒，坚持以正确舆论为导向，建构以理服人、以情动人的学生健全人格话语体系，增强社会认同感，切实形成促进学生健全人格的舆论氛围。同时，学校要与社会各界、家庭保持紧密联系，开辟通畅的学生行为反映渠道，积极整合社会资源，构建学校和社会、家庭通力合作的监督机制、劝导机制、惩戒机制，共同促使学生追求、展现健全人格。

四、强化学生主体意识

激发人格塑造的内在动力、积极而自觉的主体意识，是塑造良好人格的内在动力。虽然学生拥有精力充沛、想象丰富、彰显个性、求知欲强等优势，然而，这并不意味着他们自然而然具有追求健全人格的动因。因此，必须引导学生强化积极的主体意识，提高学生对健全人格的理性认知水平，激发他们塑造自身健全人格的内在动力，只有这样才能使学生从内心深处生发追求、展示健全人格的美好愿景。教师对学生的道德养成、人格塑造起着引领示范作用。对道德养成差异的包容，也是对学生自主成长的呵护与期待，在学生的心中种下尊重差异的种子。引导学生进行自我道德判断和选择，让教学管理更富包容性和思辨性，保护学生道德养成的自发性，努力融化道德认知千

---

[1] 刘恩允，杨诚德. 教师人格对学生影响的相关性研究. 山东师范大学学报（人文社会科学版），2003：第 48 卷第 5 期.

人一面、道德行为千差万别这一最大矛盾体。第一，将学生视为各具灵性的生命体。学生不会不成长，而是教师缺少看到他们成长的眼光。教师要保持教育自信，保护学生运用自己的方式认识自我、认识社会的意识，少说教，多引领，少要求，多点拨，少强化，多包容，将对学生的尊重体现在学生自我意识的激发上，让学生经历自我成长过程。第二，要从学生的身心需求出发，思考道德教育的方式。学生本性好奇，他们天生拥有探索秘密的愿望和冲动，而创造本身就蕴藏在好奇与探索里。道德知识的传递，永远无法囊括社会的光怪陆离。因此，我们要将这种传递转化为学生自我探索的过程。[1]

五、增强学生的实践能力，在行为实践中塑造学生的健全人格

实践活动能力是学生人格塑造的现实基础和行为状态，既要正确引导学生在实践活动中消除懒惰、倦怠、悲观情绪，又要正确引导学生在实践活动中摒弃浮躁、痴狂、冒进现象。同时，要为学生增强实践能力搭建良好平台，投入必要的人力财力物力，切实创造、及时提供必需的实践条件。

六、建立和完善科学全面的评价体系

建立和健全学生人格状态评价指标体系，切实制定具有规范性、针对性、可操作性的相关制度，有力约束学生的不良人格行为，是加强学生人格塑造的重要保障。同时，通过建立健全多维性评价项目和相关指标，从学生为人处事的责任态度、行为方式、活动过程、结果影响等方面，建立健全"学校考量—社会评价—家庭反映—自我反省—UPI人格专项测评"多面参考、综合评估的学生人格评价体系，为科学认知、正确评价青年学生的人格状态提供可靠依据。[2]

---

[1] 陆敏，镜像策略：漫谈教师道德智慧的生成，教育视界，2019 (1).

[2] 庞跃辉. 人格塑造是促进青年学生健康成长的关键：学习习近平总书记关于立德树人的重要论述. 思想政治教育研究，2017 (4)：第33卷第2期.

第三节 责任感的实施

问题与分析

🍃 问题直击

　　苏老师是高中的一名体育老师，已经工作二十多年，一直兢兢业业，是学校体育组公认做事最认真的一位老师。体育教研组长坦言，只要是苏老师负责的事，他就很放心，肯定是保质保量完成的。苏老师则认为自己从小到大就是这样做事的风格，生活和工作就是要认认真真，想偷懒自己这一关就先过不去。苏老师是按照这样的标准要求自己，对其他人也是，因而她很看不惯对待工作不认真的老师。最近苏老师就遇到了这样一件事：因为新冠疫情的影响，学校按照上级部门的要求把原来的大课间跑操换成了室内操，体育组口头安排每位体育老师到教室检查学生做操的情况。苏老师每天定好闹钟，准时准点出现在教室门口，认真督促学生做课间操。她认为既然安排了，那每位体育老师就应该是这样做。但令她气愤的是和她一个年级组的陈老师却从来不去检查，那陈老师在做什么呢？她在锻炼身体，还经常晒朋友圈，发一些"对自己负责，保持积极向上状态"等励志话语。陈老师的行为把苏老师气得实在不行，就去质问备课组长章老师。备课组长很委屈地说，自己已经做了安排，但陈老师不去他也没有办法。甚至告诉苏老师，这个备课组长不是自己想做的，是学校安排的。言下之意，他不愿意和陈老师就不去检查课间操的事情进行沟通提醒。苏老师和他吵了起来，认为章老师做事不负责任，甚至说"你不要做备课组长，也没看见你少拿备课组长的钱"。两人闹得很不愉快，事情闹到了校长那里。苏老师把事情的前后告诉了校长，校长秉公处理，严肃批评了陈老师和章老师，还告知体育教研组长必须要严格规定每位体育老师每天到岗做好检查工作。

事情告一段落了，体育老师在课间操时也准时到岗。但是矛盾并没有解决，陈老师和章老师对苏老师闹到校长那儿的事一直耿耿于怀，认为苏老师小题大做。陈老师认为只是课间操不去检查，并不是体育课课没上。检查课间操的事本身也不算入工作量，体育组也没有明确强调一定要参与，属于自愿行为。苏老师每天去检查是她的自愿行为，但不表示其他老师一定要这样做，而且并不是她一个人不去检查，其他体育老师也有不去的。备课组长章老师认为他已经做了安排，也告知了备课组的每位老师，做到这样就是已经完成了工作，老师们去或者不去参加检查工作是他没有能力管到的事情。现在苏老师把这件事情闹到校长那里，自己是得到了领导的肯定，但让他们很丢脸，给学校领导的印象是他们工作不负责，还为此受到了批评，所以两人每次看见苏老师都是不理不睬的样子。两位老师的态度让苏老师很烦心，直言虽然看不惯陈老师的做法和章老师的处理方式，但更不想因为这些事搞得同事关系很僵。她很后悔，说早知道事情会这样，她就要努力忍住不说，这样起码不会影响同事关系，更不会因为这些事情让自己觉得烦心。

❧ 问题诊断

陈老师作为年轻教师，她的工作态度是缺少责任感的表现，其对工作的责任心是需要大大改善的。如果她希望把教师作为终生的职业选择，那首先建议她要认真领悟教师职业相关的法律和规定，增强对教师职业责任感的认识。《中华人民共和国教师法》（2009 年 8 月 27 日修正版）"总则"第三条规定，教师是履行教育教学职责的专业人员，承担教书育人，培养社会主义事业建设者和接班人、提高民族素质的使命。教师应当忠诚于人民的教育事业。第二章"权利和义务"第八条规定，教师应当履行的义务包括：遵守宪法、法律和职业道德，为人师表；贯彻国家的教育方针，遵守规章制度，执行学校的教学计划，履行教师聘约，完成教育教学工作任务。《中学教师专业标准（试行）》关于职业理解与认识规定：要贯彻党和国家教育方针政策，遵守教育法律法规；理解中学教育工作的意义，热爱中学教育事业，具有职业理想和敬业精神。关于教师个人修养与行为规定：要富有爱心、责任心、耐心和细心；善于自我调节情绪，保持平和心态。关于教师沟通与合作规定：要与同事合作交流，分享经验和资源，共同发展。《新时代中小学教师职业行为十项准则》规定：要规范从教行为；勤勉敬业，乐于奉献，自觉抵制不良风气。陈老师认识到了要为自身健康负责所以努力锻炼身体的行为是好事，但是作为教师，在工作期间忽视了要为学校、学生负责，片面地认为自己上好课就是完成了本职工作，其他工作可做可不做。有这样的认知，可能是出于几方面的原因：一是本身责任感的缺乏；二是缺少对教师相关法律、法规的了解；三是教师群体中有部分年长教师有缺少责任感行为，像陈老师这样的年轻教师依葫芦画瓢，认为老教师是这样做的，那他们就可以模仿；四是学校对于教师管理缺少明确、细致的常规管理，以致不少教师出现随意、甚至是不到岗到位的行为。还需要指出的是，陈老师不仅未意识到自己工作责任感的缺乏，还情绪化地处理和苏老师的关系，建议在以后工作中、在改变认知的基础上还应加强学习合理情绪的处理，保持平和的心态。

章老师能够主动安排组内教师工作任务，是应该肯定的。但是当组内教师没有按时到岗，却没有及时提醒，则是失职的行为，把受到批评错误归结是苏老师告状导致更是不妥。章老师没有认识到这是由于他的失职行为，因他处理不当而引起的人际矛盾，说明章老师对于体育教师、备课组长的职责认识还不够清晰。作为备课组长，某种程度上代表学校承担了对教师工作合格与否的考核任务。学校应该如何来考核和规范教师责任履行情况呢？《中华人民共和国教师法》第五章"考核"第二十二条规定：学校或者其他教育机构应当对教师的政治思想、业务水平、工作态度和工作成绩进行考核。教育行政部门对教师的考核工作进行指导、监督。第八章"法律责任"第三十七条规定：故意不完成教育教学任务给教育教学工作造成损失的，可以由所在学校、其他教育机构或者教育行政部门给予行政处分或者解聘。所以，章老师理应提醒陈老师如何规范教师行为。当然，章老师也应看到自身情绪认知、处理的不合理处，在今后的工作中应学习合理处理情绪的方法，提高自身修养。

苏老师工作上认真负责是非常值得肯定的。学校正是有了像苏老师这样对工作认真负责的老师，学校的正常工作秩序才得以维持，学生的健康成长才能得到保障。苏老师勇于提出想法，其出发点很好，符合《教师法》第七条"权利与义务"的规定：教师享有对学校教育教学、管理工作和教育行政部门的工作提出意见和建议，通过教职工代表大会或者其他形式，参与学校的民主管理。所以，学校对苏老师敢于提出想法的行为要给予充分的肯定和保护。只有全体教师提升了责任感，才是对学生负责的最好保证。但苏老师因为强烈的责任心受到同事误解，在某种程度上也说明其处理方式可能过于生硬：一没有考虑到保护自己免受误会和伤害，二没有考虑到同事的接受度。所以，用更委婉的方式，或者通过向校方提出建议等处理方式可能更恰当，这样可以在不影响同事关系的基础上帮助陈老师和章老师提高认识，增加他们工作的责任感。

理论与应用

◎ 理论导航

德育知识、观念和智慧共同构成现代教师的德育素养，而德育素养是教师或班主任专业化发展中的必然诉求。德育知识是以该学科领域为研究对象，按照专门术语和方法建立起来的概念一致、逻辑严密、结论可靠的专门化知识体系。它主要体现在两方面：一是"德"的知识，一是"育"的知识。基于我国传统文化，道德价值的核心内容是廉耻、宽容、仁爱、尊重、诚信、责任、孝敬、公正等，承载着中华民族基本价值追求，是优良民族精神、崇高民族气节、高尚民族情感和良好民族礼仪的总和。德育观念是一种思想表达。只有观念更新才能引起方法的变革，带来理论与实践的创新，包括主体参与的观念、实践体验的观念、生活教育的观念、情境德育的观念、整体育人的观念。德育智慧是教育者在实践中对于德育知识的灵活运用、对于德育规律的深刻把握、对于德育问题的敏锐反应的一种综合性创造能力，包括知性智慧、情感智慧和实践智慧。知性智慧是教育者在学习基础上对德育现象的一种整体感知和直觉反映。情感智慧是教育者对职业的热爱和道德责任感的品质，如对学生关爱是教师情感智慧形成的重要基础，是构成情感智慧最为核心的内容。如果缺少这样一种情感，即使有深刻的理性认识，教师的个体智慧也称不上是真正意义上的教育智慧。实践智慧是建立在教育者经验积累、实践感悟、教学反思基础上的行动策略和实际操作。德育智慧是德育科学与艺术高度融合的产物，是教师在探求德育教学规律基础上长期实践、感悟、反思的结果，也是教师育人观念、知识学养、情感与价值观、教育机智、教学风格等多方面素质高度个性化的一种综合体现。[1] 有了德育智慧，就会产生德育能力，诸如了解学生能力、说理疏导能力、行为诊断与矫正能力、指导自育能力、创设德育环境能力和德育问题科研能力。在一个文化多元、信息开放的时代，面对青少年丰富复杂的精神世界，德育就是要为现代人的心灵寻找一个"家"，点燃人们心中的"烛光"。德育知识、观念和智慧共同构成了教师完整的德育素养，以此纳入教师专业发展的内容，这必将引导教师自觉担当起青少年成长中的德育职责和使命。[2]

从教师德育知识的积累，德育观念的提升，到德育智慧的培养，教师的责任感是关键词，是核心。教师责任感是从教师的义务中引申出来的，我们将教师责任感定义为：有教育资历的个体在承担由法律、道德要求、角色规范、组织期待的责任时所表现出来的心理倾向和人格品质。它包括对学生的业务责任心、对集体和学校的团体责任心以及对自身的自我责任心三个维度。心理学研究表明，责任感的三个心理组成部分是责任认知、责任情感、责任意志。主体对自身所承担的社会义务的认识即责任认知；主体在对自身履行责任与否时产生的情绪体验即责任情感，它受主体自身的良知和主体对利益的需要的影响；主体的责任行为从理论到实践转化的心理过程即责任意志。责任认知对责任情感起到理论指导的作用，责任情感对责任感起到动力支持

---

[1] 李立辉.德育智慧内容的缺失与补救.山西青年职业学院学报，2015（6）：第28卷第2期.

[2] 韩传信，翟莉.德育知识·德育观念·德育智慧：《德育原理》教学目的论探讨.合肥师范学院学报，2010（7）：第28卷第4期.

的作用，责任意志对责任感起到过程保证的作用。责任认知指导责任行为，责任情感是责任行为的动力支撑，责任意志监督责任行为，三者互相影响，彼此联系，缺一不可，共同构成了责任感。

责任感由弱到强分为超弱、较弱、一般、强烈、超强烈五类。教师作为教育者对社会负有特定的职业责任和义务，在教育实践中教师不断理解体验和把握社会赋予自己的责任，形成了教师责任感。教师责任感对教师坚定教育信念、选择正确的教育行为和完善教师人格有着重要的作用。教师责任感的强弱直接制约着教师的尽职程度，而教师的尽职程度直接关系到培养学生的质量。毫无疑问，具有一定强度的责任感是当今教师为师的必备条件。优秀的教师必须是具备强烈责任感的人。责任感过低的人必然会被淘汰出教师队伍，而超强烈的责任感，在理解感受和履行责任的过程中常常受过度强烈的内心情感支配，该负的责任要负，不该负的责任也要负，给人以过分尽责的感觉，如果把握不当就极易趋于过度。

责任感的形成与发展在很大程度上取决于社会和责任主体对责任问题的认识，尤其是对责任限度问题的认识。因为人的情感伴随着认识而产生，情感过程与认识紧密联系。认识是产生情感的前提，所以要解决教师责任感过度低或过度强的问题，关键是要使社会和教师很好地理解和把握教师责任的限度。任何事物都有一定的限度。所谓限度是一定事物保证自己质的数量界限，这个界限维系着事物自身的平衡和良性运行。在界限以内，量变不会引起质变；超过界限，事物就会发生质变。教师责任自然也有其限度，在教师尽责的空间范围内，有一定量的客观规定。它决定了教师责任的性质特点，使其区别于其他职业责任。教师一方面要以满腔的热情面对责任的客观规定，另一方面在履行责任时要以理智负责的态度尊重其限定的客观规律性。严格在限度内承担教师责任是教师教书育人不犯错误的质量保证，那么如何恰当地界定教师责任的限度呢？

一、教师责任的最低限度

教师责任的最低限度是指在教师应尽应负的责任中最基本最起码最少量

的客观规定。它从性质上确定了教师责任的最低范围,指明哪些基本事情应该做,哪些基本责任必须承担。谁做了这应该做的基本事情,谁承担了这必须承担的基本责任,谁才有资格成为教师。承担最低限度的教师责任是成为教师的基本前提和条件。

二、教师责任的最高限度

教师责任的最高限度是指在教师责任中的最大量的客观规定。界定责任的最高限度比界定最低限度相对困难。最低限度界定的是最基本的量,它解决的是胜任教师的资格问题,即什么样的人才能当教师。而最高限度界定的是最高的量,它解决的是如何才能当好教师的问题,其界定的意义比前者大。

对教师责任最高限度的界定,我们可以为其确立一些原则:

1. 教师承受性原则

教师责任的最高限度的界定,要充分考虑教师在具备了承担责任的能力基础上所能达到的最大承受程度。在最大承受范围内,教师能产生强大的内驱力,热情地承担责任,勇敢地面对挑战。其心态是健康的,而一旦超出最大的限度教师就会有力不从心的感觉,身心疲惫甚至导致患病。

2. 教育合法性原则

国家有关法律如教育法、教师法规定了教师的基本权利和义务。教师责任如果无限增大,是不能够带来社会认同的,其主要原因在于合法性的作用。合法性就是社会对于责任的限制。没有社会的支持,再多的责任也无济于事。教师最大限度责任的承担,必须尊重合法性原则。

3. 教育有效性原则

教育是有目的和追求效益的。所谓有效,是指教师在实施教育之后学生获得了进步或发展教师承担责任的状况直接影响了教育效益是有效的,是高效的。一般来说,教师在掌握有效教育的策略和技术基础上,在责任最大限度范围内承担的责任越大，教育的效益就越大，反之越小。[1]

✿ 行动研修

从一定意义上说，教育情感是教育者的一种教学风格和人格魅力的体现，是在教育过程中慢慢形成的。从最浅层的意义上来看，这种情感性智慧具体体现为教育者对受教育者的那种朴素的关心和爱护，这也正是使教育能够走进人类社会的最原始的感情，带有一定的原生性。从更深远的宏观层面来看，教育情感体现为一种与国家前途命运联系在一起的责任感和使命感。正所谓"百年大计，教育为本"，教育者应该心怀这种使命感。另一种教育情感则是把教育事业当作实现自己的人生价值和幸福追求的唯一途径。此时，教育者对教育事业产生的依赖感和归属感是教育情感的最高境界。由此看来，情感智慧是教育者做好德育工作的根本保证，是让德育工作"活化"的重要智慧。中小学如何提高提升教师的教育情感，形成自觉合理的教育责任行为，需要从国家、社会、学校、教师自身几方面入手。

一、制定科学的政策法规，从制度层面保证中小学教师的责任行为有法可依、有据可循

国家制定加强教师责任感的政策法规，一方面可以为中小学教师的责任行为提供法律依据，使平凡的责任行为有了严肃的法律效力；另一方面，国家的政策法规可以起到高屋建瓴的作用，引领社会文化和媒体的走向，为中小学教师的责任行为赋予了国家的意义，为其责任感的培养奠定了基础。责任感既看不见也摸不着，要想对它进行改正和加强就要对它的外显形式下功夫。设置模拟情境，对教师进行实战演练是一种有效的途径。一方面教师教育工作者可以通过模拟实战演练来考察中小学教师的责任意志，并从中发现问题，对症下药，避免盲目的一刀切；另一方面，中小学教师本人亦可借此机会来考验自己，培养自己的责任意识。

---

[1] 龚耀南. 论教师责任感的强度与限度. 教育探索，2004（4）.

二、营造良好的文化环境，从舆论层面监督中小学教师的责任行为，培养其责任感

教师群体作为一个特定的职业群体，归属于一个特殊的环境——校园。校园环境对教师个体影响最密切、最贴近、最深。社会的舆论作用是不可估量的，不负责任的行为会受到指责，责任感强的行为会受到所有人的赞赏，在这样一个健康、责任感强的舆论环境里一定会培养出责任感强的教师。教育家斯宾塞说："野蛮产生野蛮，仁爱产生仁爱。"生活在一个素质修养高尚、责任感强的环境里，教师自然就变得责任感较强。应加强道德责任理论教育，提高道德责任判断能力。道德责任判断可以分成两种：一是事先的道德责任选择，它发生在行为之前，是指教师的自我选择；二是事后的道德责任评价，它出现在行为之后，是他人、社会舆论的评价。不管做出什么样的责任判断都要根据一定的标准或凭借某些令人信服的理由。因此，提高中小学教师的道德责任判断能力，就是要提高中小学教师依据正确的标准进行正确的道德责任选择和判断的能力。这需要有关教师教育工作者对一定时期中小学教师普遍关心的社会道德性问题、中小学教师群体里存在的普遍道德性问题有科学、明确、独立的道德立场思考，解答中小学教师的道德困惑。

此外，社会还可以通过提高中小学教师的工资待遇和社会地位，奖励负责任的高尚行为，从经济上鼓励中小学教师的责任行为。学校可以设立专项基金，专门奖励教师的高尚责任人行为，为培养中小学教师的责任感提供一定的物质奖励。

三、提升教师自身素养，改善教师整体的责任意识，促进其责任感的培养

教师主动学习相关法律、法规，清晰职业要求，依法教学是规范和提升责任感的有效途径。要增强教学责任心，克服职业倦怠、职业枯竭等心理，保持对职业的求知欲、对学生的关心和喜爱，主动走近学生，减少与学生的

距离感。教师职业的工作对象是鲜活的人，始终保持对他们的好奇、热爱、尊重，增强责任感，不仅可以有效促进学生的发展，也在一定程度上提升对自身的职业追求。此外，建立和谐家庭对教师责任感的培养提供了重要的精神支持。教师在工作中难免要面对职称晋升、评优、学生成绩变化等问题，一旦没有如意，不免会内疚、自责，甚至产生悲观厌世等不良心理反应，需要和谐家庭的精神支持。[1]

第四节　超越感的推行

问题与分析

问题直击

陆老师是小学一年级（2）班的班主任。她工作认真负责，总希望她班里的孩子都是阳光、活泼、好交往的积极状态。可她发现班里有个叫小鱼的孩子，平时沉默寡言，上课不爱发言、不爱学习、自理能力差、学习用具总是乱糟糟。这和陆老师心目中的好孩子相差太远了，她第一反应就是要改变小鱼。有一段时间，在课上陆老师经常喊小鱼回答问题，但小鱼基本是回答不上来的，经常是站着不说话。小鱼的作业质量、考试成绩也很糟糕。陆老师看在眼里，急在心里。她课后经常找小鱼谈话，鼓励他多问问题，多和同学交流。努力了一段时间但还是毫无起色，陆老师慢慢觉得也许小鱼天生反应就慢，对成功也没有什么渴望，也许再怎么努力就这个样子了。最关键的是她觉得小鱼还可能有心理问题，因为即使是下课的时间，小鱼也一个人沉默地待着，很少开口说话。所以，她把小鱼领到学校心理室，希望小鱼能接受心理咨询。

---

[1] 葛吉雪. 关于中小学教师责任感培养的几点思考 [J]. 企业导报，2012（4）.

　　小鱼被陆老师带到了心理室，他怯怯地看着陌生的心理老师，不愿多说话，但会礼貌地用点头、摇头，"是"或"不是"等简单的动作、话语回答老师的问题。随着交流的进行，心理老师惊喜地发现，当问到小鱼喜欢上什么课时，他说到了喜欢自然课，一下子话匣就打开了，脸上的神情也变得生动起来。问小鱼为什么喜欢自然课，理由很简单，因为书中有小鱼喜欢的故事。孩子特别喜欢看科学、自然故事，从蚂蚁、恐龙，到猪笼草、吃虫的树，小鱼讲得绘声绘色，手舞足蹈，完全像变了一个人。故事一个接着一个，丰富的知识让心理老师给小鱼竖起了大拇指，但小鱼低头说自己学习不好，不过自己的愿望是考一百分。

　　咨询结束后，心理老师邀请陆老师一起分析了小鱼的情况。陆老师在心理老师的描述中看到了另一个小鱼，他天生内向，不擅长在公众面前表达，但喜欢自然科学，遇到他喜欢的话题，小鱼是如此迫切地愿意与他人分享。另外，小鱼对一百分的渴望让陆老师看到了孩子并不是原来以为的不爱学习。陆老师认识到可能是自己原有的评价标准限制了像小鱼这样的孩子，她被活泼、开朗、听话、成绩好等这些标准蒙蔽了眼睛，可能就让她没有看到小鱼身上的优点。所以，她调整了自己的认识，尝试用去标准化的、好奇的眼光去看小鱼。知道了小鱼热爱科学，于是她开始思考如何创造机会让小鱼表现出他的优势。她还会经常找小鱼聊天，但是内容发生了变化，不再是以前教小鱼怎么大胆发言、多和同学交往等较为空洞的话语，而是会带一些小鱼喜欢的科学画册，和他一起欣赏，然后用请教的口吻和小鱼聊画册的内容。等时机成熟，他邀请小鱼给班里同学讲画册里的故事。看到同学们露出了惊讶的眼神，课后都围着小鱼问这问那，小鱼露出了腼腆的微笑，陆老师也笑了。她在自己的博客写了这么一段话：正所谓"一花独放不是春，百花齐放春满园"，世界因为千姿百态而美丽。在我们的教育世界里，孩子们犹如一株株未名的花，请带着好奇的心先去观察、了解他们，然后用他们喜欢的、有趣的方式去等待他们的成长，这样的过程是如此有魔力。孩子们也许就会因为我们如此有创造性的相待而长成他们自己期待的样子。也许，这才是教育应有的样子。

✿ 问题诊断

　　一开始陆老师作为班主任内心希望学生能表现出阳光、合群、有良好卫生习惯的想法是好的，用这样的期待去要求小鱼也没有错，问题是评价认知出现标准化导向后，就容易忽略学生的个性特点，因而模式化的、缺少创造性的教育行为必然收效甚微。

　　无论是教学工作还是班主任工作都要严格遵守教育法、《中小学班主任工作规定》、《小学教师专业标准（试行）》以及有关教育的法律、法规，依法开展教育和管理活动。作为教育者，我们要关注对小学生的态度与行为，要信任小学生，尊重个体差异，主动了解和满足有益于小学生身心发展的不同需求；要积极创造条件，让小学生拥有快乐的学校生活。我们要关注教育教学的态度与行为，尊重教育规律和小学生身心发展规律，为每一个小学生提供适合的教育。引导小学生体验学习乐趣，保护小学生的求知欲和好奇心，培养小学生的广泛兴趣、动手能力和探究精神。我们要关注个人修养与行为，要富有爱心、责任心、耐心和细心。我们要适应小学综合性教学的要求，了解多学科知识。我们要提高组织与实施能力，建立良好的师生关系，同时帮助小学生建立良好的同伴关系。我们要创设适宜的教学情境，根据小学生的反应及时调整教学活动。调动小学生的学习积极性，结合小学生已有的知识和经验激发其学习兴趣。发挥小学生的主体性，要灵活运用启发式、探究式、讨论式、参与式等教学方式。我们要善用激励与评价，对小学生日常表现进行观察与判断，发现和赏识每一名小学生的点滴进步。灵活使用多元评价方式，给予小学生恰当的评价和指导。引导小学生进行积极的自我评价，利用评价结果不断改进教育教学工作。我们要提高反思能力，主动收集分析相关信息，改进教育教学工作，并针对教育教学工作中的现实需要与问题，进行探索和研究。

　　非常值得肯定的是，正是陆老师有满满的"教育爱"，促使她从未放弃像小鱼这样的学生。她勇于反思，敢于探索，使前后教学理念、方法、行为发生了改变。一开始，固化的评价标准限制了陆老师的思想和言行，虽然她很努力，但教学效果不明显，也使她一度产生了无力感。但陆老师没有停滞在那，而是主动求助、借助心理教师的教育视角，反思自身教育行为产生困顿的原因，真正做到了以学生为本、善于思考，改进了工作方法，用富有创造性的教育行动改变了小鱼，也开拓了自己的教育视野，提高了教学能力。

理论与应用

◎ 理论导航

教师的道德智慧是教师生存的一种能力，是教师把握人生、洞悉社会、妥善处理各种关系的综合能力。其特性之一就是具有道德智慧的教师必然具有反思能力。反思是一个批判分析的思维过程，其最终目标就是从一种不确定、怀疑和困惑的状态过渡到能够掌握问题情境、因发现解决困境的材料而获得满足感。教师的创造力很多时候就从反思开始。美国创造教育权威史密斯认为，有良好创造素养的教师是吸取教育科学提供的新知识，在课堂中积极加以运用，并能发展新的实际方法的人。我国也有学者认为，教师的创造能力则是随着社会进步和科技发展的变化，灵活处理信息和不断创新的综合能力，主要指解决教育教学课题的求异性、新颖性和高效性的能力。[1]

一、教师创造性对创新性教育的重要意义

（一）教师创造性与学生创造性之间的正相关

苏联著名教育学家沙塔洛夫指出：教师的创造性是学生创造性的源泉，教师的创新精神的程度，直接关系到学生在课堂上的创新能力。"名师出高徒"是我国千百年来人们在实践活动中总结出的一条朴素的经验，表明了教育活动中教师创造性的高低与学生创造性大小之间存在一定的关联。据英国、加拿大、澳大利亚一些学者调查发现，教师的态度、意向是否具备相关的知

---

[1] 刘嫦. 从一堂读写课的任务设计看教师的创造性 [J]. 外语教学与研究，2011 (8).

识、技能和素养，与学生创造性的激发及养成有着十分显著的相关。学生创造性的高低很大程度上取决于教师创造性的高低。教师相对于学生而言，是学生的引路人和指导者，更是学生直接和最有影响力的模仿对象。事实上，教师对学生的影响是多方面的、全方位的、长时间的。一位具有坚强的意志、活跃的思维、博大的胸怀等良好素质的老师，他所教的学生会或多或少受到他的感染，也会在一定程度上体现出这种优良的素质，从而促进学生创造性的培养与提高。

（二）创造性的教学有利于创造性思维的形成

教师的创造性主要体现在教学上。具有创造性的教师在教学上注重教育艺术和机智，有强烈的求知欲和成就动机。在教学风格和技巧上，善于经常变换各种教学手段，激发学生积极思考，鼓励学生参与课堂教学相互交流并讨论各自观点；驾驭教材能力很强，对学生的课堂反应有很强的敏感性；凭直觉进行教学，想象力非常丰富，不拘泥于已有的规划或既定的程序。哈尔曼（R. hallman）曾总结了创造型教师的教学艺术，列举了有利于学生创造力培养的方法，共有12种之多，教师在课堂教学中从知识、能力、态度和性格等方面影响学生，使学生养成创造的习惯和精神，发展学生的创造性思维。创造型教师善于把各种方法综合运用，形成一些创造性教学模式，并通过这些教学模式，很好地促进学生创造性思维的发展。

（三）创造性的管理有利于创造性个性的培养

在班级管理方面，创造型教师在对班集体和学生管理时都表现出努力创设并维护一种易于创造力得以表现的师生关系、同学关系及班集体风尚，使每个学生的创造潜能都能得以最充分发挥，并且培养出好奇心强、兴趣广泛、目标专一、独立性强、充满自信、情感丰富等创造性个性。另外，教师自己的创造性对学生也具有潜移默化的影响。教师对事业执着的追求、对工作不断改革与探索的创新精神、敢于超越自己的勇气等，都直接或间接地影响着学生，感染着学生，进而激发学生的创造欲望，有利于学生创造性个性的养成。

二、影响教师创造性培养的因素及目前存在的问题

教师是以学生为教育对象的，每个学生都是独一无二的个体，需要教师运用灵活多样、富有创造性的教育策略，恰当地取舍内容，合理地使用个性化的教育手段，激励、鼓舞和促进学生的创造性思维和想象力的发展。从我国教育的现状来看，学校教师长期以来受传统教育思想的影响，往往忽视了自身素质的提高，忽视了自己潜能的挖掘，从而容易陷入机械化的教学模式中，对学生创新精神和创造力的培养是薄弱环节，降低了创造兴趣和热情，影响了教师创造性的发挥，进而有意无意地压抑了学生的创造欲望，阻碍了学生创造性的发展。

首先，教师的教育活动模仿性多，原创性成分少。现在教师的案前有各种各样的"教参"。有了这些详细、具体的参考书，教师备课时信手拈来，有时甚至不用备课。这样教师逐渐变得懒于思考，最后难于思考，丧失了自己的个性，泯灭了自己的创造之火。

其次，教师对当前现代教育的应变能力不足。大部分教师的一般能力都不错，能够应对一般性的教育教学工作，但要想进行教育创新、进行创造性的活动就显得比较困难，缺乏一定的应变能力。有的教师知识结构老化，对相关学科和新兴学科的知识了解不多；有的教师能力结构不合理，创新能力、科研能力、运用现代化手段传递信息的能力不强，不能完全适应现代化教育发展的要求；有的教师传统观念比较重，缺乏现代教育意识，不能在新形势下把德育、智育、体育、美育等有机地统一在教育活动的各个环节中，因而其教育科研能力和实践能力较低。

最后，教师"教育爱"的不足。"教育爱"是教师对事业、对学生和对自己的一种态度，是一种高级的社会情感，可以使教师释放出强大的教育能量，激发教师的创造欲望和灵感，成为教师创造实践的巨大推动力。由于有的教师缺乏对教育事业真诚的爱，其工作积极性大打折扣，使钻研业务、提高素质成为一句空话；由于教师缺乏对学生的爱，不想了解每个学生，与学生隔

得远远的。这样的教师难以因材施教，失去了进行创造性教育的前提，同时由于教师缺乏对自己的爱，其创造热情低，生命的创造价值得不到体现，内在的需要得不到满足，只停留于外在需要的满足，创造性便被湮没了。[1]

三、教师创造性的主要内容

教师除了要创造新的有价值的成果外，更重要的是要培养学生的创造精神。因此，教师的创造性最重要的是其创造性的教学思想，这包括教师的创造意识、创造性认知特征以及创造性的教育观、教学观、学生观和质量观；其次是创造性的教学风格；再次是创造出新的有价值的产品的能力，这包括实验制作、解题方法、教学设计等的创造性。

（一）创造性的教学思想

"教育是指忘掉了学校里的一切仍然留存的东西"，这其中就包含着教育思想。

1. 创造性的教育观

培养创新人才，不仅要让学生掌握人类已经形成的知识，更需要引导学生知道这些知识是如何被发现的；不仅让学生了解一些现成的结论，更要引导学生懂得这些结论是如何获得的。只有使学生在掌握现成知识的同时，努力去发现新的知识，在了解现成结论的同时，树立起突破现成结论的意识，才能逐步培养起学生的创造精神。

2. 创造性的教学观

教学的目的之一在于促进学生获得对知识的深刻认识，形成面向未来的态度，在于培养学生的创新精神和实践能力。教学中"开发创造精神和窒息创造精神这样双重的力量是并存的"，因此我们必须警惕和避免教学中妨碍创造性培养的因素存在，如：概念内涵的固定化限制了思考；对问题的固定反应方式限制了发散思维的发挥；墨守成规窒息了创新的愿望和灵感；强调记

---

[1] 陈建新. 中小学教师创造性教育智慧的养成 [J]. 教学与管理，2014（8）.

忆、练习、再现的聚敛性思考，而忽略应用、联想的扩散性思维训练；情感因素不足，缺乏形象和审美内容，缺乏认知中的愉悦和激励；等等。

3. 创造性的学生观

在教学过程中，教师、教材、学生三者之间是不可分割的关系，只有形成一个有机整体，才能发挥最大的教学效益，促进学生思维和情感的发展。创新教育注重唤起学生的主体意识，构建学生的主体地位。学生创造潜能的挖掘、创造力的开发和培养都离不开学生的主体意识与主体地位。教师要对学生进行发散性思维与集中性思维训练，要营造民主、宽松、和谐的教学氛围，建立一个平等、民主、尊重、信任、友好与合作的师生、同学之间的人际关系，以使学生的心理处于自由、宽松、安全、友好与经济的状态，从而使学生的创造性思维进入一个自由驰骋的空间。

4. 创造性的质量观

实施创新教育，要求教学质量观也必须做根本性的转变：不仅要注重掌握扎实的专业知识，而且要特别注意掌握宽厚的基础知识和丰富的人文知识；不仅要注重传授和学习已经形成了的知识，而且要特别注意培养实现知识创新的能力；不仅要根据掌握知识的多少来衡量质量，而且要特别注意从能力和素质的角度衡量质量；不仅要强调全面发展，而且要注意个性发展。

（二）创造性的教学风格

创造性的教学风格是在教师创造性教学思想指导下所形成的有利于培养学生创造精神的教学行为模式，也是创造性教学方法、手段和教学设计的综合体现。这主要包括：

1. 树立人人平等的思想

按照行为科学的说法，创造可以分为两类：有特殊才能的创造和自我实现的创造。自我实现的创造人人都能做到。教学应该从学生的差异出发，设计不同水平的问题，给不同层次的学生提供创造的机会。

2. 培养人人善问的习惯

敢于质疑问难是创造的一个重要品质。教学中应该尊重学生的个性，鼓励学生敢于提出与教师不同的意见和想法，倡导标新立异。

3. 激发人人求新的欲望

教师要着力培养学生不迷信名家、不迷信古人、不迷信教师、不迷信书本，敢于发表不同见解，打破"唯书唯上"的旧观念，使学生想创造、敢创造。

4. 提供人人动手的机会

有利于创造活动的一般条件是心理的安全与自由。教师要善于创造自主学习的氛围，创造民主的班级环境，让人人都能动手，都能想象，都能创造。

5. 给予人人成功的机会

教师应该有创造性的评价思想，从学生成功的需要出发，坚持鼓励性评价、分层次评价和多样性评价，不批评创造过程中的错误和失败。

（三）创造性的教学设计

创造性的教学设计，一方面要求教学内容、教学活动安排、教学方法组合、教学媒体运用、教学策略选择等富有新意，另一方面又要求激发学生的兴趣，进行探索式的学习，以实现培养创造力的目标。这包括：创设新颖的教学情境，以激发学生的好奇、猜想和积极探索，并在探索中体验到成功的喜悦，受到内在的激励；结合教学内容巧妙展示探索过程；设计活动课程或讨论会，在开放的、合作的、相互交流的气氛中展开活动，形成活动成果和结论，培养创造的集体风尚。学科教学是进行创新教育的重要阵地。教师在教学中具有主导作用。因此，教师自身应具有创造性，有强烈的求知欲，善于创设宽容、理解、和谐的班级气氛，能尊重学生的个性，应具有与学生一起学习的态度，应具有激发学生创造渴望的教学艺术，等等。这些对学生创造力的培养是至关重要的。唯有平等宽容、甘为人梯的教师才能培养出"青出于蓝而胜于蓝"的学生。教师创造教学的能力和具体的创造实践有机结合起来，才能使学生的创造潜能更好地发挥并形成创造力。[1]

---

[1] 吴克勇，蔡子华.教师的创造性简论.黑龙江教育［J］，2000（12）.

❀ 行动研修

从前面章节的学习我们知道，道德智慧型教师一般具有人文关怀精神、合作精神和反思能力，并能体验到其职业幸福感，而这些特性反过来又对教师自身的发展产生着重要的影响。要增强教师的德育智慧，本章节就特别强调提升教师的创造性。一个国家、一个民族要取得 21 世纪发展的主动权、领先权和控制权，就必须拥有高素质的人才，而具有一支高素质、高创造性的教师队伍是培养创造性人才的根本所在，是提高学生创造性的主导因素。要提高教师的素质，培养和提高教师的创造性，可以从以下几个环节入手。

一、树立创新性学习的观念

教育受社会条件的制约，不同时期的教师担负着历史和社会赋予的不同的角色和任务。只有不断地拓宽自身的知识面，学习新的知识和新的科学技术，不断调整提高自身的素质，使之适应时代的需要，才能对学生的发展起到促进作用。所谓创新性学习，我们认为，就是能够激发创新意识，培养创新能力的教育和学习模式，就是在已有的知识经验基础上，重新构建新的知识结构并能创造性地解决问题的学习。这种学习不仅仅是继承前人的创新成果、积累知识，而且是通过对先辈的创新结果的继承，学习他们的创新过程和创新方法，能够"生产"知识，把知识转化为智慧，提升人的价值，实现人的理想，促进人的发展。

高素质人才的突出表现就是人的创造才能，创造才能的培养需要创新性的学习。我国著名教育思想家陶行知早在 20 世纪 30 年代就曾提出"教师要创造性地教，学生要创造性地学"。21 世纪的今天，教师作为人类文明和文化的重要传播者，不仅要创造性地教，也要创造性地学，从教与学的两个方面全面发展和完善。成功的、富有创造性的教师总是善于吸收最新教育科学成果，将其积极地运用到教育、教学、管理等过程中，并且富有独创见解，能够发现行之有效的新的教学方法。因此，教师只有具备创新性学习的能力才具有创造性的潜力。

二、应重视教师内在品质的培养与提高

目前，教师教育主要是满足提高教师的学历层次。学历的提高固然能够在一定程度上推动教师素质的增强，但这种重外在形式轻内在品质的教师教育难以从根本上提高教师的素质。教师所需要的实施创新性教育应具有的创新性教育理论、创新能力和实践能力很欠缺，教师自身应具有的创新人格和素养没有得到相应的培养与提高，导致教师在进行创造性教学时感到困惑或者想当然。因此，教师教育只有重视教师内在品质的培养与提高，使教师树立创新的教育观念，才能解决实际问题。

三、重视非智力因素的作用，加强师范精神培养

教师创造性能力的体现不仅取决于自身的知识、能力以及环境因素，最终取决于他的情感——人格层面的发展与水平等非智力因素。现在人们发现教师教学效能的高低与教师的情感——人格的发展水平有着很密切的相关。良好的非智力素质，实际上就是教师应具备的师范精神的核心内容，集中体现在"教育爱"上。教师的创造性不是发现"物"，而是发现"人"，是对人的特质和差异性的发现，最后通过自己的行为促进人的发展，因此创造性是知识、能力与情感、人格相互协调发展的结果。

师范精神是教师创造性发挥的基石和依托，是传递教育爱的重要载体。只有具备优良的师范精神，才能用敏锐的洞察力去了解每个学生，用心与情和学生对话，通过教师的创造活动，引导、激发和促进学生创造性的发展。也正是在这种精神和教育爱的支持下，教师才甘于奉献，乐于改革，充分展现自己的创造性。[1]

---

[1] 谢林柏，乐伶俐.浅议教师的创造性及其培养 [J].湖南科技学院学报，2006 (1)：第27卷.

参考文献

[1] 卞敏. 哲学与道德智慧 [M]. 南京：江苏古籍出版社，2002.

[2] 赵汀阳. 论可能生活：一种关于幸福和公正的理论 [M]. 北京：中国人民大学出版社，2004.

[3] 饶从满，张贵新. 教师合作：教师发展的一个重要路径 [J]. 教师教育研究，2007 (1).

[4] 苏霍姆林斯基. 帕夫雷什中学 [M]. 北京：教育科学出版社，1989.

[5] 劳承万. 诗性智慧·前言 [M]. 郑州：河南人民出版社，1997.

[6] 田慧生. 时代呼唤教育智慧及智慧型教师 [J]. 教育研究，2005 (2).

[7] 佐藤学，钟启泉. 课程与教师 [M]. 北京：教育科学出版社，2003.

[8] 马克斯·范梅南. 教学机智：教育智慧的意蕴 [M]. 李树英，译. 北京：教育科学出版社，2001.

[9] 邓友超，李晓红. 论教师实践智慧 [J]. 教育研究，2003 (9).

[10] 吴德芳. 论教师的实践智慧 [J]. 教育理论与实践，2003 (4).

[11] 约翰·霍夫曼. 实践派理论和马克思主义 [M]. 周裕旭，杜章智，译. 北京：中国社会科学出版社，1988.

[12] 张楚庭. 论道德智慧 [J]. 教育评论，2004，(11).

[13] 黄富峰. 德育思维论 [M]. 北京：人民出版社，2006.

[14] 卢梭. 爱弥儿：上卷 [M]. 李平沤，译. 北京：人民教育出版社，2001.

[15] 朱小蔓. 当代德育新理论丛书 [M]. 北京：人民教育出版社，2005.

[16] 王荣德. 现代教师人格塑造 [M]. 天津：天津教育出版社，2004.

[17] 苏霍姆林斯基选集：第 2 卷 [M]. 北京：教育科学出版社，2001.

[18] 刘晓明，李向东. 教师道德智慧 [M]. 长春：东北师范大学出版

社，2011.

[19] 吴安春. 回归道德智慧：转型期的道德教育与教师 ［M］. 北京：教育科学出版社，2004.

[20] 陆道坤，谈娟. 从集体规约到个性化建构：教师专业道德生成的逻辑研究 ［J］. 教师教育研究，2017：第 29 卷 （4）.

[21] 张茂聪. 道德智慧：生命的激扬与飞跃 ［J］. 教育研究，2005.

[22] 向玉乔. 论道德智慧 ［J］. 伦理学研究，2014 （5）.

[23] 杨翠娥. 论教师的道德智慧 ［J］. 牡丹江教育学院学报，2009 （9）.

[24] 王中男. 教师伦理道德：失范与复归：基于"个体·社会"框架的一种分析 ［J］. 教育伦理研究，2014 （10）.

[25] 杨翠娥. 论教师的道德智慧 ［J］. 教育探索，2009 （09）.

[26] 王俏华. 榜样教育的作用：从现实难题到未来走向 ［J］. 中国德育，2012 （6）.

[27] 曾钊新. 道德心理论 ［M］. 长沙：中南大学出版社，1987.

[28] 袁文斌. 当代中国榜样教育研究 ［D］. 河北师范大学，2009.

[29] 鲁洁. 教育社会学 ［M］. 北京：人民教育出版社，1990.

[30] 顾明远. 教育大辞典 ［M］. 上海：上海教育出版社，1992.

[31] 王文珺. 社会心理学视角下的高校榜样教育有效性探讨 ［J］. 教育（文版）：00231－00231.

[32] 张茂聪. 道德智慧：生命的激扬与飞跃 ［J］. 教育研究，2005.

[33] 檀传宝. 论教师的良心 ［J］. 教育理论与实践，2000 （10）.

[34] 严运锦. 新时代师德建设的反思与重构 ［J］. 现代中小学教育，2019 （10）.

[35] 帕克·帕尔默. 教学勇气：漫步教师心灵 ［M］. 上海：华东师范大学出版社，2005.

[36] 金秀兰. 大学生道德智慧的培养与就业竞争力的提升 ［J］. 现代教育管理，2011.

[37] 谢广山. 教师专业化视界下的教师道德智慧 ［J］. 三门峡职业技术

学院学报（综合版），2016（12）.

[38] 陆士桢. 培养道德选择能力. 人民日报 [N]，2005-06-02.

[39] 王淑俐. 沟通，其实不简单：教育及学校行政沟通的理论与实践 [M]. 台北：五南图书出版股份有限公司，2005.

[40] 张清源. 现代汉语常用词词典 [M]. 成都：四川人民出版社，1992.

[41] 陈奎喜. 教育社会学研究 [M]. 台北：师大书院有限公司，1990.

[42] 格伦·布鲁姆，艾伦·森特，斯科特·卡特里普. 有效的公共关系 [M]. 明安香，译. 北京：华夏出版社，2002.

[43] 曹长德. 当代班级管理引论 [M]. 合肥：中国科学技术大学出版社，2005.

[44] 许肖辉. 倾听是一种艺术 [M]. 北京：北京工业大学出版社，2009.

[45] 杨小红. 有效沟通的构成要素与技巧 [J]. 商场现代化，2008（12）.

[46] 赵国忠. 教师最需要什么：中外教育家给教师最有价值的建议 [M]. 南京：江苏人民出版社，2008.

[47] 赵莉. 静听花开的声音：与学生谈话的艺术 [J]. 现代班集体研究，2012（51）.

[48] 何静洁. 与学生"说"[J]. 现代班集体研究，2012（51）.

[49] 张烨. 悄悄话，拨动孩子那根心灵之弦 [J]. 现代班集体研究，2014（60）.

[50] 曹会敏. 换位思考，沟通心灵 [J]. 班主任之友，2017（504-506）.

[51] 李文丽. 孩子叛逆？不妨试试同理心！ [J]. 班主任之友，2017（502）.

[52] 张宪尧. 教育的重要契机：偶发事件 [J]. 教育理论与实践，1989：第9卷第6期.

[53] 孟尔琴. 关键事件：班主任管理主张的智慧沉淀 [J]. 现代班集体研究，2017（76）.

[54] 周驰. 点燃智慧的火花捕捉教育的契机 [J]. 现代班集体研究，2017（78）.

［55］刘舒艳. 说进学生心里去：公益班主任语言的一些思考［J］. 现代班集体研究，2010（增刊）.

［56］刘建. 浅谈处理班级学生冲突的实践与思考［J］. 现代班集体研究，2010（增刊）.

［57］陈小茂，耿雁冰. 学生成长中的几个"关键事件"［J］. 现代班集体研究，2014（60）.

［58］陆筱红. 教育无痕魅力无限［J］. 现代班集体研究，2013（54）.

［59］汤美芝. 处理学生打架当因性施治［J］. 班主任之友，2017（510）.

［60］郭力众. 需要教育机智，更考验教育智慧［J］. 班主任之友，2017（510）.

［61］马克斯·范梅南. 教学机智：教育智慧的意蕴［M］. 李树英，译. 北京：教育科学出版社，2001.

［62］薛颢. 浅谈如何组织开展初中阶段的班级活动［J］. 昭乌达蒙族师专学报（汉文哲学社会科学版），1992（2）.

［63］胡文珠. 初中生品格发展水平与成长需求分析［J］. 江苏教育，2019（31）.

［64］鲁洁. 教育的原点：育人［J］. 华东师范大学学报（教育科学版），2008（4）.

［65］岑万国. 班主任在开展班级活动时应注意的几个原则［J］. 科教文汇（中旬刊），2008（3）.

［66］高东霞. 在班级活动课程中育生命自觉［J］. 江苏教育：班主任，2019（23）.

［67］齐学红. 班级活动课程开发的价值［J］. 江苏教育：班主任，2019（23）.

［68］李竹平. 班级特色传统活动：学生全面发展的密码［J］. 江苏教育：班主任，2019（23）.

［69］田慧生. 时代呼唤教育智慧及智慧型教师［J］. 教育研究，2005（2）.

[70] 吴桔. 还本真于班级现智慧于管理 [J]. 现代班集体研究，2015 (64).

[71] 俞敏. 在班集体日常管理中抓好"四个一" [J]. 现代班集体研究，2015 (65).

[72] 胡文珠. 唤醒成长的力量：一位班主任的积极德育故事 [M]. 长春：东北师范大学出版社，2018.

[73] 马克思恩格斯全集：第1卷 [M]. 北京：人民出版社，1956.

[74] 李家成. 建设具有教育价值和生命意义的班级 [J]. 江苏教育：班主任，2018 (63).

[75] 刘惊铎. 道德体验论 [D]. 南京师范大学，2002.

[76] 吴安春. 论道德智慧的四重形态 [J]. 教育科学，2005 (2).

[77] 韩东屏. 论道德教育的方式与现代转向 [J]. 武汉科技大学学报（社会科学版），2018 (4).

[78] 陆敏. 镜像策略：漫谈教师道德智慧的生成 [J]. 教育视界，2019 (1).

[79] 李家成. 班级日常生活重建中的学生发展 [M]. 福州：福建教育出版社，2015.

[80] 鲁洁. 做成一个人：道德教育的根本指向 [J]. 教育研究，2007 (11).

[81] 吴晓玲. 班本德育课程：科学理解与理性建构 [J]. 江苏教育：班主任，2018 (63).

[82] 齐学红. 开发班本德育课程提升班主任专业素养 [J]. 江苏教育：班主任，2018 (63).

[83] 鲁洁. 道德教育的当代领域 [M]. 北京：人民出版社，2005.

[84] 陈源，尹芳. 浅谈课堂提问的误区及应对策略 [J]. 教学与管理，2018 (2).

[85] 简·尼尔森. 正面管教 [M]. 玉冰，译. 北京：北京联合出版公司，2019.

[86] 郑秀敏. 危机与良机，教学偶然事件的潜在课程资源研究 [D]. 重庆：西南大学，2013.

[87] 契尔那葛卓娃，契尔那葛卓夫. 教师道德 [M]. 严缘华，盛宗范，译. 上海：华东师范大学出版社，1982.

[88] 陈文. 作业批改要有人文关怀 [J]. 湖南教育，2004 (13).

[89] 张建华. 有效课堂提问的六条基本原则 [J]. 小学教学参考，2008 (7).

[90] 徐云康. 课堂巡视让数学教学充满生机和活力 [J]. 教育实践和研究，2013 (11).

[91] 俞燕，刘梦宇. 论教师的教育机智 [J]. 品位经典，2019 (12).

[92] 向葵花. 审思与重建：中小学学生学习行为研究 [M]. 北京：中国社会科学出版社，2017.

[93] 赫伯特·斯宾塞. 教育论：智育、德育和体育 [M]. 王占魁，译. 北京：中国轻工业出版社，2016.

[94] 苏永杰. 班级学生作业批改方法探析 [J]. 课程教育研究，2017 (31).

[95] 罗春君. 基于巡视超越巡视 [J]. 小学教学参考，2010 (3).

[96] 杨平. 巡视：课堂教学不可忽视 [J]. 小学教学研究，2012 (11).

[97] 翁美佳. 成才视野下发挥教育机智实现机智教学的研究 [J]. 成才之路，2014 (30).

[98] 胡朝阳. 论走向教育智慧的教师教育 [J]. 湖南师范大学教育科学学报，2017 (11).

[99] 张入川. 刍议教育现象学视角下教育机智生成 [J]. 课程教育研究，2015 (17).

[100] 杨翠娥. 论教师的道德智慧 [J]. 教育探索，2009 (9).

[101] 王辉，陈淑清. 教师主导与学生主体的内涵与实践路径研究 [J]. 长春教育学院学报，2018 (12)：第 34 卷.

[102] 陈婷婷. 指向核心素养培育的学生主体活动建构 [J]. 教育理论与

实践，2019（10）：第 39 卷.

[103] 蔡菁. 学生主体意识的异化及其回归 [J]. 教学研究，2017（2）：第 40 卷第 2 期.

[104] 黄希庭，郑涌，李宏翰. 学生健全人格养成教育的心理学观点 [J]. 广西师范大学学报：哲学社会科学版，2006（7）：第 42 卷第 3 期.

[105] 吴光勇，黄希庭. 当代中学生喜爱的教师人格特征研究 [J]. 教育研究与实验，2003（4）.

[106] 刘恩允，杨诚德. 教师人格对学生影响的相关性研究 [J]. 山东师范大学学报（人文社会科学版），2003：第 48 卷第 5 期.

[107] 庞跃辉. 人格塑造是促进青年学生健康成长的关键：学习习近平总书记关于立德树人的重要论述 [J]. 思想政治教育研究，2017（4）：第 33 卷第 2 期.

[108] 李立辉. 德育智慧内容的缺失与补救 [J]. 山西青年职业学院学报，2015（6）：第 28 卷第 4 期.

[109] 韩传信，翟莉. 德育知识·德育观念·德育智慧：《德育原理》教学目的论探讨 [J]. 合肥师范学院学报，2010（7）：第 28 卷第 4 期.

[110] 龚耀南. 论教师责任感的强度与限度 [J]. 教育探索，2004（4）.

[111] 葛吉雪. 关于中小学教师责任感培养的几点思考 [J]. 企业导报，2012（4）.

[112] 刘嫦. 从一堂读写课的任务设计看教师的创造性 [J]. 外语教学与研究，2011（8）.

[113] 陈建新. 中小学教师创造性教育智慧的养成 [J]. 教学与管理，2014（8）.

[114] 吴克勇，蔡子华. 教师的创造性简论 [J]. 黑龙江教育，2000（12）.

[115] 谢林柏，乐伶俐. 浅议教师的创造性及其培养 [J]. 湖南科技学院学报，2006（1）：第 27 卷.

后　记

　　本书由无锡市教育科学研究院德育室组织无锡市部分优秀教师撰写，以中办、国办下发的《新时代公民道德建设实施纲要》和教育部下发的"关于印发《幼儿园教师专业标准（试行）》《小学教师专业标准（试行）》《中学教师专业标准（试行）》的通知"、"新时代中小学教师职业行为"、《中小学班主任工作规定》等文件为主要的政策依据，围绕我国中小学教师职业素养的转型要求，深入探索新时代背景下教师道德智慧的内涵要义、特征结构及实践类型，结合教师的工作实际，从政策机制、激励机制、反思机制、支持机制四个维度有效研究教师道德智慧的生成机制，并根据教师角色扮演的基本要求，分别围绕班主任工作和学科教学两个方面，积极寻求教师道德智慧养成的一般规律，同时，围绕对象感的确立、人格感的塑造、责任感的实施、超越感的推行四个要求来切实探求教师道德智慧引领的一般规律与技术路径。无锡市教育科学研究院张烨、无锡市玉祁高级中学钱志惠负责全书的架构、统稿工作，无锡市东湖塘中学唐一伟、江苏省锡东高级中学滕陈英负责第一章的撰写，无锡市西漳中学钟鸣负责第二章的撰写，无锡市玉祁高级中学任君、钱志惠负责第三章的撰写，无锡市堰桥初级中学胡文珠、无锡市教育科学研究院张烨负责第四章的撰写，江苏省梅村高级中学杨海娟、无锡市教育科学研究院张烨负责第五章的撰写。

　　在书稿撰写过程中，囿于我们的学术视野及专业素养，难免有挂一漏万或不够成熟的观点或表述，好在编者本身也是一群处在追求道德智慧之路上的教师。期待本书的出版不仅能给各位读者分享我们所理解的教师道德智慧完善的基本方略，同时也期待各位方家能为我们完善对于教师道德智慧的内涵、把握及演绎策略提供更全面的建议和意见。另外，本书在成稿过程中也汲取和引用了区域内外的专家、学者的部分最新研究成果，并从网络搜索搜集到的中小学教师文章中受到有益的启示，在此也向他们表示衷心的感谢！